Fantasy Dragon Encyclopedia

奇幻龍族大圖鑑

監修 健部伸明

U0072665

楓樹林

前言

人類討厭蛇、蜥蜴、鱷魚之類的爬行動物，
但為什麼會對龍族產生興趣？

有人說這是對神祕恐龍的過去記憶所致。
恐龍（除了一部分進化成鳥類之外）早在人類出現很久以前就滅絕了。
儘管無人親眼目睹恐龍的真面目，但不知為何，
在恐龍展上抬頭仰望巨大的骨骼標本時，依然產生一股無法解釋的懷念感。
也有些呈現恐龍和人類共存的壁畫和雕像，
雖然是在不該出現的地方出土的人造加工物，卻仍為世人所接受。

世界各地都有龍族於湖泊或沼澤出沒的傳聞，
尼斯湖水怪就是其中的代表。
然而，根據科學調查的結果顯示，尼斯湖根本不適合大型生物生存。
與其說尼斯湖水怪是倖存下來的恐龍，
不如說是湖泊所化身的精靈。

席捲一切事物的可怕旋風，我們稱為龍捲風。
也有不少文獻，將劃破天空的流星形容為龍而記載下來。

也就是說，我們心中所想像的龍不僅僅是一種生物，
更是具備超自然力量的魔法生物。
這就是為何人類都想和龍族見上一面的原因。

本書將這些性格豐富的龍視覺化，並試著讓牠們較量一番，
藉此讓各位讀者展開想像的翅膀，盡情沉浸在找回童心的歡愉中。
希望能透過這種方式，幫助各位對龍族有更進一步的了解。

2019年6月底
監修者　健部伸明

CONTENTS

龍族基礎知識

受到奇幻作品的影響，龍成為我們熟悉的傳說生物，
可是我們卻鮮少有機會瞭解龍的起源和性質。
首先從本頁開始，一步步學習龍族的基礎知識吧。

東洋龍族vs西洋龍族

西方的「龍」、東方的「龍」外觀和特徵都大不相同

流傳於世界各地的神話以及傳說當中出現的龍，皆屬於幻獸的一種。雖然其外貌和生態各不相同，但是可以根據基本的輪廓和性質，以東西方做地域上的區分。

西方的龍，多半是以蛇和蜥蜴等爬行動物為基礎，身體通常具備二或四隻腳爪，以及類似蝙蝠的翅膀。飛龍（P.68）、法夫納（P.140）可說是西方龍的基本形態，不過其中也有像六腳龍（P.38）這種由多種生物混合在一起的奇怪個體。另外，我們熟知的「對金銀財寶著迷」、「會說人類語言」、「能使用多種魔法」，這些也都是西方的龍才具備的特徵。

另一方面，東方的龍則是以中國傳說為淵源發展而來的「龍」神，作為世人根深蒂固的正統形象。雖然外觀也是以蛇和鱷魚為基礎，但多半都像蛟龍（P.58）或青龍（P.122）一樣具備四肢，背後沒有翅

西洋

如蝙蝠般的大翅膀
背上長著一對可用來在空中飛翔的巨大翅膀。形狀千奇百怪，多半近似蝙蝠的翅膀。

一到兩對手腳
手腳多為2或4隻。也有手和翅膀一體化，或者只有腳和翅膀的形態。

膀。儘管如此，卻仍擁有像西方的龍一樣
在空中自由飛翔的神奇力量。

　　雖然龍擁有強大力量這一點舉世皆然，
但在地域文化和發展等方面，細節或多或
少都有所差異。

分布世界各地
東方與西方的特殊龍族

　　基本上，西方並不存在蛟龍或青龍這類
東方龍的故事；相反地，東方也沒有類似
飛龍、法夫納等西方龍的傳說。然而，世
上仍然有不分東西方普遍共有的特殊龍族
故事，也就是所謂的「多頭龍」和「龍
人」（蛇人），這些類型的龍都在世界各地
的傳說當中占有一席之地。比方多頭龍有
希臘神話的九頭蛇（P.36）、日本神話的八
岐大蛇（P.52），龍人（蛇人）有希臘神
話的厄客德娜（P.96）、印度神話的那伽
（P.132）等著名的例子。

多頭龍（勒拿九頭蛇）

法國畫家居斯塔夫・莫羅（Gustave Moreau）的作品。
這幅畫描繪希臘神話的英雄海克力士與勒拿九頭蛇對峙
的場面。

東洋

細長的軀幹
與西方的龍相比，全身線
條較為細長，前後兩端有
頭和尾巴。

短小的四肢
或許是不用腳爪戰鬥的緣
故，四肢顯得較為短小，
這點與西方的龍不同。

龍的七種主要基本型態

從基本的外觀
衍生出各種相異輪廓

　　至目前為止，分布於世界各地有關龍的傳說軼聞多不勝數。在這些龍族當中，除了「西方龍」、「火龍」（Drake）、「飛龍」（Wyvern）、「翼龍」（Wivre）「蛇龍」（Wyrm）、「東方龍」這類作為雛形的龍之外，還有龍人這類的特殊個體。這七種類型的龍，可以說囊括了所有龍的基本形態。「西方龍」中有法夫納（P.140），「蛇龍」有利維坦（P.46），各種類型都能舉出世界聞名的龍。不少人是經由奇幻作品或電玩遊戲才漸漸認識這些龍的存在，不過只要閱讀本篇，想必就能對這七種基本形態的龍產生新的認知。

西方龍

奇幻作品中最廣為人知
傳統形態的龍

法夫納　▶ P.140

六腳龍　▶ P.38

龍的基本形態中
最為人所知的類型

西方龍是最常見的傳統龍的形象。除了兩對腳爪外，還可以依據有無翅膀再細分類型。許多經由世界神話或是傳說流傳下來的龍都屬於這種類型，其中又以法夫納和林德蟲（P.72）最為有名。另外，以爬行動物為基礎，具有多種生物外表特徵的六腳龍，也可以歸類在這種類型之下。

火龍

屬於龍的下位種族
或是龍的亞種

**外形雖酷似龍
能力卻有許多不同處**

「火龍」（Drake）源自龍的英文「Dragon」的古語，兩者在語詞的意義上沒有分別，不過一般都以drake表示龍的下位種族或亞種。雖然外形和龍差不多，但體型比龍矮小，不但不會說話，也無法使用魔法，兩者之間有很多不同之處。

翼＋四肢

噴火龍 ▶ P.18

飛龍

體型比龍瘦小
戰鬥能力卻極高

飛龍 ▶ P.68

**舞動巨大翅膀翱翔天空
根據其樣貌而得名**

以紋章圖案而為人所知的飛龍（Wyvern）源於英國，基本形態為細長的身體，搭配一對腳、蝙蝠般的翅膀，以及尾端像箭頭一樣尖銳的尾巴。與龍不同的是，每頭飛龍都有翅膀，可以在空中飛翔，這就是牠被稱為「飛龍」的原因。

翼＋腳一對

翼龍

身體像蛇一樣細長
雖有翅膀但沒有後腳

**歐洲以外地區
也有出沒傳聞的有翼蛇**

身體像蛇一樣細長，背上長著一對翅膀的龍。由於沒有後腳，因此也有「有翼蛇」之稱，只要想成是用翅膀在空中飛翔的蛇龍（P.8）就不難理解了。其中代表性的龍有法國的翼龍（Vouivre），歐洲以外地區則有中美洲的魁札爾科亞特爾（Quetzalcoatl，P.78）和衣索比亞的飛龍（P.118）等。

有翼蛇

翼龍 ▶ P.90

蛇龍

外貌看似蛇 危險性卻遠遠高出

蛇體

奧克尼海蛇 ▶ P.80

巨大蛇龍的體型 仍能超出世人的想像

「蛇龍」（Wyrm或Worm）為長蟲的意思，這是最原始形態的龍族，與一般的龍有著完全不同的外觀，大部分沒有手腳和翅膀，雖然會游泳，但是無法在空中飛翔。其體型也各不相同，既有野槌（P.94）這種小型的蛇龍，也有像耶夢加得（P.44）這種超巨大的蛇龍。

龍

常見於中國和日本 活躍東洋的巨大靈獸

外觀變化莫測的龍

中國傳說中的龍，大部分頭上長有鬍鬚和角，身體像蛇一樣長，具備短小的四肢。與西方的龍不太一樣，龍的全身覆蓋鱗片，使牠看起來更像條魚，而不是蛇。此外，還有像九頭龍（P.54）一樣擁有多頭的龍，以及應龍（P.120）這種具備雄偉翅膀的龍存在。

青龍 ▶ P.122

蛇體＋短小四肢

其他

豐富多樣化的外觀和特性 外觀不像龍的龍族成員

菲爾尼格修 ▶ P.152

神或惡魔的化身 半人半龍的個體

有些不隸屬於任何基本形態的特殊龍族，便會自成一個種類。例如像是半人半龍的菲爾尼格修（Hollófernyiges）和美露莘（Melusine，P.128），與天使相提並論的康赫爾龍（Canhel，P.76）等。基本上是龍與人類的融合形，有時也作為一種化身，但本書是將其視為龍的一種。

國家或宗教定義下的龍之善惡

絕大多數情況
龍被視為邪惡的生物

在一般人心中的印象，龍多半是危害人類的存在，但並非所有的龍都會作惡；有些龍會幫助人類，甚至受到尊敬。既然如此，龍的善惡是如何決定的呢？其實多半是受到該國的文化和宗教所左右。其中最容易理解的例子在歐洲。根據基督教經典《舊約聖經》和《新約聖經》描述，龍被定義為惡的化身（惡魔），藉由確立龍這個明確的敵人，讓上帝、天使和聖人消滅牠，藉此向人們展示威望，基督教正是透過這樣的方式來傳播教義。

聖喬治和龍

義大利畫家拉斐爾（Raffaello Santi）的作品。畫中描繪基督教聖徒之一的聖喬治和禍害世人的惡龍作戰。

將龍奉為神聖生物
膜拜信仰的例外

在基督教文化圈以外，其實很多地方普遍將龍視為神聖的生物。例如，伏羲和女媧在中國被視為是創造國家文明的始祖，祂們至今仍被世人奉為神聖的造物者；澳洲的虹蛇（Rainbow serpent，P.50）至今仍受到當地澳洲原住民的尊敬。其他還有中美洲的魁札爾科亞特爾（P.78）等在世界各地受人崇拜的龍族。

中國神話中登場的伏羲和女媧。兩人在神話中是兄妹與夫妻的關係，被視為人類的始祖。

中國神話的神　伏羲氏和女媧氏

●成為信仰或視為神聖存在的龍	
名字	特徵
伏羲和女媧	於中國創世神話中登場的兄妹與夫妻神，上半身為人，下半身是蛇。他們為混亂的世界帶來秩序，並創造了人類，後來以皇帝的身分統治中國。
應龍	龍經過五百年或千年歲月後的形象。在神話中，應龍可以往來天地之間，對人類非常友好，曾為黃帝等人提供幫助。
青龍	在東亞信仰中為守護四方的聖獸之一，是東方的守護神。有關青龍的故事不多，與其說是神一樣受到尊敬，不如說是一種象徵。
魁札爾科亞特爾	在阿茲特克和馬雅神話中被認為是創造神的龍。祂賦予人類各種知識，比方種植玉米、釀酒，以及生火的方法，因此受到崇拜。
虹蛇	澳洲原住民傳說的彩虹蛇。相傳虹蛇是人類和大自然的創造神，如果惹怒牠，就會有各種災難降臨。
康赫爾龍	混合基督教和阿茲特克族信仰的龍，形象有如天使一般。據說牠跟隨上帝，奉其旨意創造出世界。

龍的武器
可不只是強韌的肉體

大部分的龍都具備龐大的身軀，全身覆蓋堅硬鱗片，光是這樣就已經足以構成威脅，有些甚至具備尖牙利爪或硬刺，在接近戰中發揮無與倫比的強大威力。不僅如此，還有不少像巴西利斯克（Basilisk，P.166）這種能在體內產生火焰和毒素，或像阿茲達哈卡（Azhdaha，P.154）這種能使用魔法或神通力的龍。擁有強韌的肉體，具備火焰、猛毒等強大的特殊能力，使得龍的戰鬥能力超乎想像，一般人類根本無法憑一己之力抗衡。事實上，龍族甚至曾將神祇或人類英雄逼入絕境，有時更贏得最終勝利。

耶夢加得與雷神索爾

瑞士畫家約翰·亨利希·菲斯利（Johann Heinrich Füssli）的作品。相傳耶夢加得雖然敗在雷神索爾的手上，卻在臨死前吐出毒液，奪走索爾的生命。

龍族的武器① 尖刺和利爪

體型龐大的巨龍威力無窮，光是獠牙以及爪子就足以成為最強凶器。尼德霍格（P.142）就是用牙齒啃食世界之樹的根部，迎接諸神黃昏的到來；另外，裴魯達（P.20）全身的刺，能同時達到攻擊和防禦的目的，可說是相當出色的武器，據說刺上也帶有劇毒。

龍族的武器② 體內產生的火焰和毒素

有些龍會在體內製造火焰和毒素，再從嘴裡吐出，著名的例子有吐火焰的噴火龍（P.18）、吐毒液的巴西利斯克。有些龍吐出的毒素致死率不高，例如聖喬治之龍（P.146）吐出的毒氣就不會立即致人於死地，而是引發瘟疫。

龍族的武器③ 創造奇跡的魔法或神通力

相傳瑣羅亞斯德教神話中的惡龍阿茲達哈卡能夠使用上千種的魔法，另外包括青龍（P.122）在內的東方龍，雖然沒有翅膀，但是能以龐大的身軀於空中優雅地飛翔。無視物理定律，可見其中也是靠某種神奇的力量運作。

龍族的武器④ 於空中飛翔的能力

歸類為西方龍或飛龍的龍，多半都有著一對巨大的翅膀，能夠飛翔於天際。雖然飛行速度因龍而異，但是不受地形影響任意移動，也可算是一種優勢。此外，有些龍無法在空中飛翔，卻能在水中游泳，這也是一種方便的能力。

奇幻世界中
屬性相剋與龍的分類法

從古希臘到中世紀的煉金術，均認為世界是由四大元素所組成。
本書以四大元素為基礎，加入光屬性與闇屬性，並針對龍族簡易分類。

**能力源自太陽
或熱能**

象徵太陽、火焰、熱能，
在屬性相性上為剋風、怕
水。噴火或掌控火焰的龍
即歸於此類。

剋

**象徵生命
源泉的水**

象徵大海、河川、生命的
屬性，掌控上述元素或生
活在海川中的龍即歸於此
類，特色為剋火、怕土。

剋

剋

**掌控雨霧等
天候現象**

颱風或是雷電這類與天候
或自然現象息息相關的事
物，皆歸納為風的屬性，
操控大氣、掌管天候的龍
即歸於此類。這種屬性有
著剋土、怕火的特徵。

剋

**和大地之母
深深連結**

土屬性與大地以及其他生
活在地上的動植物有著密
不可分的關聯，特徵為剋
水、怕風。棲息在山上或
洞窟、掌管大地的龍，即
為土屬性。

無明顯相剋關係

**直通神祇的
神聖存在**

具備高度神性的事物，多
半會歸類在光屬性內。與
神或天使相提並論或隨侍
在側的龍，即為光屬性。
對闇屬性既有優勢，也有
劣勢。

**與光明勢力對立的
邪惡象徵**

通常與惡魔關係密切的事
物，即視為闇屬性。本書
將與惡魔相提並論，或與
諸神敵對的龍，即歸類於
闇屬性之下。

相剋

火屬性
P.15～

以火焰為武器作戰

噴火龍（P.18）與清姬
（P.26）這類以噴火攻擊
為主的龍，以及掌管火焰
的伏羲和女媧（P.28），
皆屬於火屬性。

風屬性
P.67～

控制風和雷電
於空中展翅高飛

風屬性聚集了掌管天候或自然現象的
龍。例如颱風詞源的堤豐（P.70）、掌
管雷電及呼風喚雨的共工（P.82），皆
屬於風屬性。

與神或天使相提並論，或者受到人們
信仰的龍，皆屬於光屬性。著名的諸
神隨行獸怒蛇（P.114），即歸類於光
屬性之下。

接近神祇的神聖存在　光屬性
P.111～　光

12

水屬性 P.35～

水

棲息於水邊 掌控河川

以大海為家的耶夢加得（P.44），有水神之稱的八岐大蛇（P.52），這類掌控水或棲息於水邊的龍，皆屬於水屬性。

棲息在山上或洞窟等處，或掌控超自然現象的龍，即被歸類為土屬性。另外，從前被奉為大地母神的厄客德娜（P.96），也是歸類於此。

與諸神敵對，抑或在基督教中被視為邪惡的龍，即歸類於闇屬性。像阿斯普（P.156）或巴西利斯克（P.166）這類帶有劇毒的龍，也歸於此類。

棲息於山上或洞窟 掌管大地

土屬性 P.89～

土

危害人類的邪惡存在

闇屬性 P.139～

闇

龍族解說頁的閱讀方式

❶	圖示	標示龍的屬性和編號，屬性有火、水、風、土、光、闇6種。屬性相剋和分類詳情請參閱P.11～13的說明。
❷	名稱	龍的名稱，不同國家或地區的稱呼可能有所不同。
❸	插畫	龍的外形想像圖。頁面底部附上插畫家的名字。
	出處	龍出現的神話、傳說或文獻等資料來源。
	流傳地區	流傳龍的傳說的國家或地區。
	棲息地	龍棲息的場所。
❹	能力	龍的能力及相關解說。分為力量、防禦、生命、能力、智力、速度6項，以10個階段來呈現各個能力的高低。
	體長	根據神話、傳說或文獻來推測龍的全長。比較對象是以人類（身高1.7ｍ）／紅綠燈（高度5ｍ）／飛機（全長56.7ｍ）／富士山（高度3.776ｋｍ）／日本列島（南北縱長3600ｋｍ）／地球（直徑12742ｋｍ）作為大致標準。
❺	解說	關於龍的解說。描述龍出現的神話、傳說、外表特徵和武器。
❻	STRONG POINT	龍的優勢。例如致命毒氣、不死的肉體等。
	WEEK POINT	龍的弱點。例如「腹部柔軟」、「害怕音樂」等。
❼	專欄	記載有關龍的小知識。
❽	龍之對戰	描述與其他的龍戰鬥時的過程，以及勝負關鍵等內容，精心挑選出引人入勝的作戰筆記。

第一章

火屬性的龍

Fantasy Dragon Encyclopedia

貝奧武夫之龍

▶▶ 出　處　　貝奧武夫

▶▶ 流傳地區　瑞典南部／英國

▶▶ 棲息地　　墳塚或洞窟

▶▶ 能　力

力　量	▰▰▰▰▰	5
防　禦	▰▰▰▰▰▰▰	7
生　命	▰▰▰▰▰	5
能　力	▰▰▰▰▰▰	6
智　力	▰▰▰▰▰▰	6
速　度	▰▰▰▰▰▰▰	7

腹部相對柔軟，但堅硬的鱗片仍足以折斷全力揮砍過來的劍，具備強大的防禦能力。在地面的移動速度不明，不過能在空中飛行，想必速度也不差。

▶▶ 體長比較

推估全長：15m

插畫：合間太郎

和英雄同歸於盡的火龍

在各式電玩遊戲和奇幻小說當中，守護寶藏的龍可說是很常見的元素。而以英語書寫、講述古老斯堪的納維亞神話的英雄史詩《貝奧武夫》中所描述的龍，正是著名的起源之一。

貝奧武夫之龍的頭部和身體不僅覆蓋堅硬的鱗片，還能從長有毒牙的嘴裡噴出火焰，並靠著一對翅膀飛行。牠生性喜歡寶藏，居住在埋藏眾多瑞典南部王室寶藏的墓穴裡生活約三百多年。可是某一天，人類悄悄潛入墳墓偷走寶藏，憤怒的龍於是每晚襲擊城鎮，之後與前來屠龍的年老國王貝奧武夫作戰。雖然龍噴出熊熊烈火，卻被貝奧武夫的鐵盾抵擋下來；但是貝奧武夫所持有的寶劍，卻因無法承受自身力量，不敵惡龍堅硬的鱗片而折斷，就連貝奧武夫自身也遭到龍咬傷。儘管傷勢嚴重，但貝奧武夫的隨從維拉夫（Viraf）趁機用劍刺入龍的腹部，貝奧武夫隨即拔出比首，對退縮的龍補上最後一擊。儘管成功斬殺惡龍，但他也因為毒發而倒地，最終與勁敵雙雙身亡。

STRONG POINT
口吐火焰

相傳貝奧武夫為了對抗火焰，特別準備一面鐵盾。溫度高達500度的火焰，足以使一般生物致命。

WEEK POINT
柔軟的腹部

相較於背部和側面覆蓋著堅硬的鱗片，柔軟的腹部可以用鋒利的劍貫穿，這可說是日耳曼傳說的龍共同擁有的弱點。

COLUMN

現代龍
形象的起源

《貝奧武夫》的龍沒有腳，在地面上像蛇一樣爬行移動，這項特徵常出現在古老傳說的龍身上。

另外，在噴火、飛翔、喜歡寶藏等方面，也和龍給現代人的印象如出一轍。J. R. R. 托爾金於《哈比人歷險記》等作品中描繪龍的形象時，就是以自己過去研究的《貝奧武夫》為參考，龍的形象就是在這時受到影響。隨著他的作品在全球廣受好評，《貝奧武夫》中的龍所擁有的特徵，也就成為現代龍的形象原點。

龍之對戰

加爾古尤
（P.48）

水

考慮到加爾古尤的特性，戰鬥應該會在河岸附近展開。雙方以接近戰一決勝負，面對從空中突襲的貝奧武夫之龍，加爾古尤採取反擊態勢，只要能抓住對手拖入水中，加爾古尤就有勝算。不過這麼做反而對擁有毒牙的貝奧武夫之龍更加有利。

噴火龍

▶▶ 出　處 ｜ 無

▶▶ 流傳地區 ｜ 英國

▶▶ 棲息地 ｜ 洞窟等處

▶▶ 能　力 ｜

▶▶ 體長比較 ｜
推估全長：5～8m

力量	5
防禦	5
生命	5
能力	5
智力	4
速度	7

儘管每部作品的描述略有差異，但噴火龍多半被視為比龍更低等的生物，能力一般。由於具備飛行能力，只有速度方面較為突出。

插畫：池田正輝

口吐熾焰的龍族總稱

噴火龍（Fire drake）並不是一個專有名詞，所有會以噴火攻擊的龍都能夠使用這個詞彙來表示。「Drake」一詞為十三世紀中葉以前所使用的古英語，在現代英語中，drake的意思相當於dragon，因此fire drake就是fire dragon的意思。

不過在近年來的奇幻背景設定裡，人們常將噴火龍視為年輕或矮小的龍的亞種；也就是說，相對於一般認知的龍，噴火龍是更為低等的存在。特別是在遊戲領域，設計者喜歡以種族詳細區分奇幻生物，並且將其視為龍屬的一種。

托爾金的小說《哈比人歷險記》，裡面登場的龍史矛革（Smaug），在小說裡就是以噴火龍稱之。不管怎麼說，只要是會噴火的龍，我們都可以稱為噴火龍。另外，也有將流星比喻成噴火龍的傳說，例如在一一三六年創作的《不列顛諸王史》第八卷中，就出現魔法師梅林將流星比喻為噴火龍的記載。

STRONG POINT
口吐火焰

火焰就是最強大的武器，溫度愈高，效果愈強；加上火焰會消耗周圍的氧氣，只要持續地吐出火，也會令對手無法呼吸而命在旦夕。

WEEK POINT
腹部

一般而言，西方龍的腹部比較柔軟，這可以說是一大弱點。噴火龍有時會被視為火焰精靈，所以對於大量的水有幾分忌憚。

COLUMN
「火龍」的誕生
龍的影響

據說日耳曼民族是西歐人的始祖，日耳曼人沒有龍的概念，龍對他們來說就像是蛇型蠕蟲。龍的概念是後來由羅馬人傳入，當時創造的drake一詞，便是用來與拉丁語中的draco等詞彙相對應。新傳入的龍，對既有的蠕蟲產生影響，後來也出現兩者逐漸融合的龍。在前面章節中介紹的「貝奧武夫之龍」也是其中一例，牠既有蠕蟲的形狀，背後也有一對翅膀，同時又具備了噴火龍的性質。

埃倫斯格
(P.22)

火

無論是體格或是頭的數量，埃倫斯格在格鬥戰中均占優勢；反觀噴火龍只能用火焰決一勝負，可是想要發動火焰攻擊，唯有讓對手調轉方向。雙方飛行速度雷同，一旦接近就無法拉開距離，埃倫斯格必須接近才能進攻，能否無視火焰發動突擊才是獲勝的關鍵。

裴魯達

▶▶ 出 處	博爾赫斯＆格雷羅的《幻獸辭典》等
▶▶ 流傳地區	法國貝爾納堡地區
▶▶ 棲息地	尤努河

▶▶ 能 力

力 量	6
防 禦	5
生 命	7
能 力	8
智 力	5
速 度	5

▶▶ 體長比較

推估全長：2～10m

可利用體毛進行一定程度的體溫調節。曾在大洪水中倖存下來，具備不錯的生命力，加上擁有多樣化的攻擊方法，能力也相當高。

　插畫：七片 藍

大 洪 水 倖 存 下 來 的 龍

在法國流傳的傳說中，有一些長相略微怪異的龍登場，裴魯達就是其中一個例子。裴魯達棲息在位於巴黎西南方、流經貝爾納堡地區的尤努河，除了頭部和尾巴覆蓋鱗片外，還有像烏龜一樣的腳，最大特徵是身體呈綠色，身上還長有獅子鬃毛般的體毛，因此也有「毛茸怪」的綽號。不過，牠的體毛中卻藏有數不清的毒刺，可以發射作為攻擊的武器；至於牠強而有力的尾巴，據說只要一擊就能致人於死地。此外，裴魯達的嘴巴不僅會噴火，還會吐出水和毒液。

傳說中，裴魯達在《舊約聖經》記載的大洪水劫難中倖存，來到尤努河後便就此定居下來。然而牠呼吸時吐出的毒氣，卻使周邊地區的農作物枯萎，甚至還襲擊當地的牲畜和人類。有一次，裴魯達襲擊一位年輕女孩，女孩的未婚夫決定為她報仇雪恨，最終，裴魯達的尾巴被這位青年手中的劍砍斷而一命嗚呼。如故事所述，裴魯達雖然相當難纏，但牠也有尾巴遭到砍斷便會立即身亡的弱點。

STRONG POINT
多樣化的攻擊能力

除了口吐火焰之外，裴魯達也具備各式各樣的攻擊手段。若能根據對手或戰鬥情況分別運用，將會成為一大優勢。

WEEK POINT
尾巴

儘管原因不明，但據說尾巴一旦被切斷，裴魯達就會當場斃命。然而尾巴也是牠的武器之一，因此在接近戰時總是伴隨死亡的風險。

COLUMN

從洪水浩劫倖存是具備雙重屬性？

相傳在《舊約聖經》裡，上帝降下大洪水，消滅所有犯下惡行的人類。從「將所有生物從地表抹去」這句話中，我們可以看出其消滅主要對象是地面上的生物。

由於裴魯達噴出的火焰會燒毀廣闊的原野，因此本書便將牠歸類為火屬性。

裴魯達平時棲息於尤努河中，白天襲擊地面上的牲畜和人類。因為牠有著如烏龜般的腳，同時又是水生動物，所以才能在大洪水中僥倖逃過一劫。

林德蟲
（P.72）

風

林德蟲的血液以及尾巴末端都具有劇毒，若是裴魯達和牠進行格鬥戰，可能會陷入苦戰。裴魯達的速度緩慢，只能藉由飛刺或噴火，試圖摧毀林德蟲的翅膀；因不具備飛行能力，戰鬥時只能用吐水的方式保持一定的距離，剩下只須繼續用火焰和刺針攻擊，就能提高勝算。

埃倫斯格

▶▶ 出　處	巴斯克的知識等	
▶▶ 流傳地區	西班牙巴斯克地區	
▶▶ 棲息地	洞窟	
▶▶ 能　力		

▶▶ 體長比較

推估全長：10～15m

能力		
力量	▬▬▬▬▬	6
防禦	▬▬▬▬▬	6
生命	▬▬▬▬▬	6
能力	▬▬▬▬▬	6
智力	▬▬▬▬▬▬	7
速度	▬▬▬▬▬▬	7

巴斯克能和人類定下契約，可見其智慧略高於龍族平均水準，也有一定的飛行速度。從人類極力避免和牠發生戰鬥這一點來看，其他能力應該高於一般水準。

插畫：夜鳥

巴斯克地區之龍的意外弱點

西班牙北部的巴斯克地區，當地人普遍使用獨特的巴斯克語。在巴斯克語中便是將「龍」稱為「埃倫斯格」（Erensuge）。

原先埃倫斯格像蠕蟲一樣沒有腿，外觀看起來和巨蟒沒有兩樣，這個形象隨著時代變遷而逐漸發生變化，現在人們認為埃倫斯格是身體像蛇、背上長著一對翅膀、擁有七個頭的龍。埃倫斯格為襲擊家畜和人類的可怕生物，牠也具備與人類對話的智慧。根據傳說，人們為了將損失降到最低，必須遵照約定定期獻上祭品。此外，埃倫斯格有一個明確的弱點，如果用沒有蛋黃的蛋砸在牠的額頭上，就能夠令牠當場死亡。

以雞蛋打敗埃倫斯格的傳聞不止一個，比方被當成祭品的少女和前來救援的青年一起對牠扔雞蛋、從老太婆手上拿到雞蛋的少女用雞蛋砸向額頭五次的故事等等。這項弱點或許令人意外，但人們普遍認為，這是基於埃倫斯格是從沒有蛋黃的蛋中誕生，才會出現這樣的傳聞。

STRONG POINT
飛行能力與多個頭

雖然沒有毒氣或火焰這類明確的武器，但和無法飛行的對手戰鬥時，卻可憑藉飛行能力來主導戰局；和體型相近的對手進行近身戰時，多個頭也能發揮優勢。

WEEK POINT
沒有蛋黃的小蛋

前面介紹過，埃倫斯格害怕自己的蛋，但要攻擊這項弱點的前提是必須擁有相關的知識，而且沒有蛋黃的蛋也不易取得。

COLUMN
與基督教
相關聯的傳說

埃倫斯格還有另一則知名傳說。據說有位牧羊人命令他的狗打敗埃倫斯格，順利救出被當成活祭品的公主。當牧羊人離開後，國王的侍從卻悄悄現身，企圖將埃倫斯格的頭回收並將功勞據為己有。可是牧羊人早已將埃倫斯格的舌頭割下，使得這個謊言不攻自破，最後牧羊人也和公主結為連理。儘管埃倫斯格遭狗擊敗這個說法有些牽強，但從其他類似的地方故事來看，這條狗的真實身分似乎是天使；換言之，牧羊人是在神的庇護下，才能打敗埃倫斯格。

六腳龍
(P.38)

水

由於六腳龍放出的燃燒穢物難以應付，因此埃倫斯格打算從對手的頭頂上方俯衝接近；只要用尾巴纏住對手進行格鬥戰，擁有七個頭的埃倫斯格就能取得優勢。

另一方面，六腳龍全程專心回避，只要埃倫斯格沒辦法抓到牠而選擇直接衝過來，就有機會放出穢物伺機反擊。

火

No.05

戈里尼奇

▶▶ 出　處 ｜拜琳娜（Bylina）

▶▶ 流傳地區 ｜俄羅斯奧倫堡州索羅欽斯克

▶▶ 棲息地 ｜索羅欽斯克山的洞窟

▶▶ 能　力 ｜

力量	5
防禦	5
生命	5
能力	6
智力	7
速度	8

▶▶ 體長比較 ｜

推估全長：10～15m

能與人類對話，具備欺騙英雄和擺脫危機的狡猾個性，可見得擁有相當高的智慧。行動範圍相當寬廣，飛行速度也非常快。

　　插畫：夜鳥

富有俄羅斯色彩的多頭惡龍

戈里尼奇（Gorynych）是俄羅斯流傳的英雄史詩《拜琳娜》中出現的三頭龍。牠有十二條尾巴和一對翅膀，能夠一邊飛行、一邊噴出火焰。戈里尼奇平時生活在靠近現今哈薩克邊境的索羅欽斯克山上，並且從周邊國家擄走無辜的人，關押在棲息處的牢房裡，每當肚子餓時便將人吃掉果腹。

有一天戈里尼奇遠赴西邊的基輔，突襲正在河裡游泳的英雄多布里尼亞（Dobrynya），然而這次戈里尼奇卻反遭多布里尼亞所攜帶的基督教朝聖者頭巾毆打，在無路可退的情況下，只得向對方求饒投降。戈里尼奇不僅發誓永不再犯，還與多布里尼亞簽下契約，但是對戈里尼奇來說，這只不過是權宜之計。不久，牠又襲擊基輔大公弗拉基米爾大公的王宮，並綁架莎巴瓦（Zabava）公主。多布里尼亞於是奉大公之命遠征索羅欽斯克山。戈里尼奇於山上現身後，兩方持續戰鬥三天三夜，最終多布里尼亞以絲線做成的七叉鞭，成功將戈里尼奇的三顆頭砍了下來。

STRONG POINT
高度智慧

不僅能與人類對話，還具備欺騙英雄的演技。高智慧用來對付只憑本能行動的對手時，絕對是一項特別有效的武器。

WEEK POINT
神聖力量

朝聖者的頭巾，象徵了正教會的權威。而戈里尼奇的故事其實也有聖人屠龍的影射作用，因此神聖力量便成為牠的弱點。

COLUMN

俄羅斯典型的龍

俄羅斯語中，龍又被叫作「茲米耶」（змей），戈里尼奇就是其中的代表。特徵為擁有多頭（通常為3的倍數）；尾巴數量各不相同；不過在具備堅硬鱗片、翅膀、利牙、噴火等方面，和現代一般的龍給人的印象大同小異。此外，茲米耶不僅可以和人類交談，還具備足以騙人的智慧。戈里尼奇多半具有某種神奇的力量，現身時天候也會隨之產生異變。現代人對於龍「會說話或施展魔法」的印象，也能在俄羅斯的茲米耶身上看見。

埃倫斯格
(P.22)

火

戈里尼奇雖然具備噴火能力，卻無法一擊把對手打倒，正面戰鬥對頭顱數量和力量略勝一籌的埃倫斯格比較有利，但幸好戈里尼奇能進行對話，所以能否巧妙運用言語欺騙埃倫斯格就成為勝負的關鍵。只要成功施展騙術，便能趁機用翅膀壓制對方，先減少頭部的數量就能取勝。

25

清姬

▶▶ 出　處	今昔物語集、道成寺緣起等
▶▶ 流傳地區	日本和歌山縣的道成寺
▶▶ 棲息地	和歌山縣田邊市中邊路真砂
▶▶ 能　力	

力　量	▬▬▬▬▬	5
防　禦	▬▬▬▬▬	5
生　命	▬▬▬▬▬▬	6
能　力	▬▬▬▬▬	5
智　力	▬▬▬▬▬	5
速　度	▬▬▬▬▬▬	6

▶▶ 體長比較

推估全長：15m

年輕的男子安珍雖然先走一步，卻沒能順利逃脫。若是將長時間奔跑的體力考慮進來，清姬的生命力和速度想必略高於一般水準。

插畫：月岡ケル

傷心與悲憤而化身為龍

龍族當中也有原本是人類的龍，於和歌山縣道成寺的傳說中登場的清姬就是其中之一。

清姬是紀伊國（和歌山縣古名）的名門之女，她愛上一位每年到熊野參拜的年輕山伏安珍。某一年，清姬對安珍求愛，對此感到困擾的安珍只好欺騙她：「參拜歸來就會找妳。」可是當熊野參拜之旅結束後，安珍卻選擇從另一條路返回家鄉。清姬久久守候不見歸人，才醒悟到安珍並未信守承諾。清姬於是拚命從後方追趕，而

被追上的安珍則是不斷謊稱「妳認錯人了」，並施咒讓她的眼睛暫時看不見，隨後躲進道成寺。

憤怒的清姬再度展開追逐，並且在這個過程間化身為龍。當清姬抵達道成寺後，她發現安珍藏身在大鐘內，於是便繞著大鐘纏了七圈半，朝大鐘噴吐大火，整整持續三個小時。隨後清姬流著血淚離開，最後在河裡消失無蹤。寺裡的僧人趕緊查看冷卻後已然燒毀的鐘內，發現安珍被燒得僅剩一具炭化的骸骨。

STRONG POINT
足以把人類燒成炭的烈火

大鐘大多都是以青銅打造製成，而銅的熱傳導率略低於鐵。躲在鐘內的安珍被燒成焦炭，可見清姬吐出的火焰威力十足。

WEEK POINT
美男子

不僅女性，只要是長得漂亮的人，都有相當程度的吸引力，這點放在任何時代都一樣。只是過於強烈的執著心反而成為紛亂的根源，這對清姬來說則變成她的弱點。

COLUMN

清姬其實是菩薩的化身？

安珍與清姬的故事還有後續發展。後來，兩人以蛇的形象出現在道成寺老僧的夢中，老僧按照囑咐持誦法華經，二人才得以度脫成佛。事實上，安珍與清姬是熊野權現和觀世音菩薩的化身，據說神佛之所以引起這場騷亂，正是勸戒亂世之人的一種方式。這個故事後來收錄在平安時代的故事集《今昔物語集》，在江戶時代改編為謠曲、歌舞伎、淨琉璃等戲劇橋段，可見從很久以前便受到人們的喜愛。

龍之對戰

美露莘
(P.128)

光

雙方的體型和力量不分上下。美露莘雖具備飛行能力，卻只能靠格鬥作戰；清姬只須趁美露莘露出破綻的瞬間纏住身體，接著只要不斷噴出高溫火焰就能獲勝。美露莘想獲勝只有一個方法，就是從上空接近、一口氣壓制清姬的後腦，唯有如此才能取得勝利。

27

伏羲、女媧

▶▶ 出　處	史記・三皇本紀、淮南子、風俗通義、太平御覽等
▶▶ 流傳地區	中國
▶▶ 棲息地	宮殿
▶▶ 能　力	

▶▶ 體長比較

推估全長：67m／人型：6m

能力	
力　量	8
防　禦	5
生　命	7
能　力	7
智　力	9
速　度	10

從女媧補天，以及伏羲窮天地之理的相關神話中，可以看出二神在力量和智慧等方面皆相當卓越；祂們同時也是人類的造物主，擁有極高的生命力。

　插畫：池田正輝

中國流傳的半人半龍皇帝

伏羲和女媧皆為神話時代統治上古中國的傳說中的皇帝。雖然上半身是人類，下半身是蛇，但古老的繪畫中也能夠見加上後腳的形象，因此被認為是半人半龍的存在。

根據唐代補全《史記》有關三皇相關事蹟的《三皇本紀》，華胥踩踏雷神留下的巨大足跡後，便懷孕生下伏羲。伏羲後來領悟天地之理，制定出八卦、法律和婚姻制度，教人們用網子捕魚。另一方面，歷史上的女媧是繼丈夫伏羲之後統治國家的女皇，她留下的神話比伏羲更精彩豐富，甚至還有創造人類的故事。

與女媧相關的神話中描述，相傳在天地剛成形之初，世界上只有女媧一人。她一開始捏泥土造人，可是如此速度實在太慢，後來她改用繩子在泥潭中抽打，從濺起的水滴中誕生出許多人類。但是，以這種做法所造出的人類，品質似乎不如用手慢慢捏製來得理想，據說這也是導致人類之間存在能力差異的原因所在。

STRONG POINT
強大的神力

伏羲雖然被尊為皇帝，然而他和女媧實際上卻是創造神。儘管具體能力不明，但從女媧補天的神話來看，可以看出她具有強大的力量。

WEEK POINT
無

雖然沒有特別的弱點，但是相傳伏羲即帝位後，在111年後去世。由此可見即使是神也並非不死之身。

COLUMN

為保護世界而不斷奔波的女媧

公元前2世紀成書的《淮南子》中，便記載了女媧補天的著名神話。很久以前，支撐天地的四極（東西南北）之柱損毀，使得天空出現裂縫，大地崩裂，火焰和洪水吞沒一切，潛伏於山林中的猛獸也開始襲擊人類。據說女媧見到此景，便煉成五色石來修補天空的裂縫，切斷神鰲之足作為新的四極之柱，並擊退引發洪水的黑龍，並堆積爐灰來平息洪荒。在這個神話中，女媧僅憑一己之力解決所有難題，可見其力量之強大。

龍之對戰

八岐大蛇
(P.52)

水

體格方面雖處於劣勢，但伏羲和女媧能憑藉力量和速度取勝，也能武裝自己。八岐大蛇靠八條尾巴和八個頭施展多樣化的攻擊，只要擊中對手就有勝算；然而八岐大蛇卻也有對美女沒輒的弱點，面對女媧這個對手，叫牠不心動也難。如果這個看法沒錯，伏羲和女媧將會立刻壓制對手，取得勝利。

Dragon Battle
龍之對戰

著名英國史詩當中可放出強烈火焰、巨大的貝奧武夫之龍，
對上體型矮小、體內藏有劇毒的日本野槌。
兩隻來自島國的龍，即將展開一場特殊對決，究竟鹿死誰手？

熊熊烈火將龍人燒成灰燼

貝奧武夫之龍

和英雄貝奧武夫戰成兩敗俱傷的龍，外觀像長著
翅膀的蛇，以毒牙和口中吐出的業火作為武器。
腹部以外都覆蓋著堅硬的鱗片，可以抵擋任何物
理攻擊。

▶▶ 能　力　│　　　　詳細參閱 P.16

力量	5
防禦	7
生命	5
能力	6
智力	6
速度	7

棲息於深山幽谷的矮小龍

野槌

日本的傳說中，有一種無眼鼻四肢、亦龍亦靈的
生物。由於有著看似木槌的尾巴，因此也有人
稱為野槌。雖然身長不滿1公尺，卻具有強烈毒
性，還會張開血盆大口吃人。

▶▶ 能　力　│　　　　詳細參閱 P.94

力量	5
防禦	5
生命	5
能力	6
智力	4
速度	6

　插畫：合間太郎

Round 1
野槌從草叢內緩緩逼近
悄悄施展猛毒攻擊！

戰鬥發生在草木叢生的崎嶇平原上。面對擁有巨大身軀和堅硬鱗片的貝奧武夫之龍，體型極為不利的野槌若採取正面作戰，絕對毫無勝算，所以只能在草叢中移動，伺機散播毒氣。

DANGER!

毒氣
野槌為數不多的攻擊手段之一。大口吐出體內產生的劇毒，腐蝕敵人。

隱匿如同無形的敵人悄然施毒
即將侵蝕貝奧武夫之龍！

Dragon of Beowulf

Nodzuchi

LIFE 4600/5000

LIFE 500/500

灼熱的火焰
將草原化為一片火海！

貝奧武夫之龍屏氣凝神尋找野槌，卻遲遲無法發現牠的蹤跡。與此同時，身體狀況也逐漸惡化，顯然牠此時正受到毒素的侵害。焦躁不已的貝奧武夫之龍於是漫無目標地噴火，將四周化為火海，逼敵人現身。

火焰攻擊

據說能把城市夷為平地的熊熊赤焰。就算輕輕掃過，也足以使人致命。

暫且躲過烈焰吞噬
但失去掩蔽物的野槌退無可退！

Dragon of Beowulf

Nodzuchi

LIFE 4200/5000

LIFE 450/500

失去藏身之處的野槌
奮不顧身發動特攻……！

被火焰團團包圍的野槌已無處躲藏，只好奮力一搏向貝奧武夫之龍的弱點——腹部，發動必殺的回旋撞擊，殊不知此舉正中敵人下懷。貝奧武夫之龍的尾巴輕輕一掃，被打中的野槌隨即不支倒地！

DANGER!

尾巴攻擊

不僅沉重堅硬，還具備銳利的尖刺鱗片，堪稱是危險的凶器。身材矮小的野槌毫無招架之力。

布滿堅硬鱗片的尾巴
一擊擊碎體型短小的野槌！

貝奧武夫之龍勝利!!

K.O.

Dragon of Beowulf

Nodzuchi

LIFE 3800/5000

0/500

世界龍族小事典①

沙羅曼達

流傳地區▶歐洲
出處▶老普林尼的《博物志》

被譽為火精靈
體型嬌小的龍族

　　沙羅曼達是棲息在火中的小龍，在日本又以「火蜥蜴」稱呼。古羅馬博物學者老普林尼（Plinius），在《博物志》便以「像冰一樣冰冷，一接觸火就會熔化」來形容，不妨根據這段記載，調查其是否真的具備滅火能力。12世紀中葉，相傳人們會使用沙羅曼達在火中結成的繭，抽出絲後織成布製作衣服，據說這種布料只要扔到火中，便可除去髒汙。16世紀，煉金術師帕拉塞爾蘇斯（Paracelsus）做了系統性的研究，將

地、水、火、風列為四大元素，而沙羅曼達被視為火的精靈。此觀點也影響現代的奇幻世界觀，使得四大元素和沙羅曼達也出現在各種作品中。

《動物寓言》（Bestiary）手稿（14世紀）的沙羅曼達

似乎與浴火重生的鳳凰形象相連結，連16世紀的藝術家李奧納多‧達文西也認為其吃火就讓皮膚再生。

雞龍

流傳地區▶立陶宛
出處▶不明

變身各種日常物品
積存財富的龍

　　雞龍（Aitvaras）是立陶宛自古流傳的火蛇，牠會化身為小動物或是無機化合物，具有儲存偷來的食物或財物的習性，因此被視為財富的象徵。雞龍會在人們不曾察覺之下悄悄寄住在房子內，之後就不易將牠驅趕出去了。據說雞龍是從黑色的公雞蛋中誕生，這種雞蛋可以通過與惡魔定下契約來獲得。公元1960年的故事〈變成掏火耙的雞龍〉中，描述有位與惡魔簽訂契約的男人附身在雞龍身上，靠偷奶油和乳酪致富。

男人成為富翁後，雇來一名女孩作為女傭。女孩被分配的房間旁，是一間房門上鎖的房間，她每晚都聽到那間房間傳出嘔吐聲，困擾得夜不成眠。有一天，她趁沒人在家時偷看這個房間，結果發現裡面有個人影正在和怪物進行交易。女孩被眼前的景象嚇了一跳，於是點燃火爐，並且把雞龍化身的掏火耙扔進爐內。火爐內傳來淒厲的尖叫聲後，隨即引來一陣風暴；而附身在雞龍身上的男人，因為掏火耙被燒毀，他的靈魂也隨之飛出屋外，最後被隨著風暴現身的惡魔帶走。

第二章
水屬性的龍

Fantasy Dragon Encyclopedia

水
No.02

六腳龍

▶▶ 出　處　｜黃金傳說等

▶▶ 流傳地區　｜法國南部的塔拉斯孔

▶▶ 棲息地　｜隆河附近的森林

▶▶ 能　力

力　量	6
防　禦	5
生　命	5
能　力	5
智　力	5
速　度	6

▶▶ 體長比較

推估全長：5～10ｍ

根據襲擊人類、把船弄沉等紀錄，可看出其具備相當的力量和速度。傳說中，六腳龍向基督信仰中的聖女馬大「投降」，可見牠也擁有與人類對話的智慧。

插畫：夜鳥

漂洋過海的怪物

在法國南部的亞維農和亞爾之間，有一座名叫塔拉斯孔（Tarascon）的城鎮，這個名稱就是根據當地流傳的龍族——六腳龍（Tarasque）的名字而來。

於十三世紀成書的基督教聖人傳記集《黃金傳說》描述，六腳龍為全身覆蓋鱗片的半獸半魚龍，是由利維坦與棲息於加拉太（位於安納托利亞半島中部）的怪獸波納孔（Bonnacon）所生。六腳龍的身體比牛粗大、比馬還長，擁有像劍一樣銳利的尖牙；儘管無法吐出火焰或毒氣，但卻能噴出可燃燒一切的穢物。六腳龍原本棲息在加拉太，後來漂洋過海，來到隆河流域的森林裡，平時潛伏在水中，伺機吃掉行經的旅人或是弄沉經過的船隻。有一天，聖女馬太為了傳教而來到這座城裡，她受到人們的委託，決定前往消滅六腳龍。馬太趁六腳龍進食時朝牠的身上潑聖水，並且插上十字架使其屈服，村民們隨後來到被腰帶綁住的六腳龍旁，用長矛和石頭將牠活活打死。

STRONG POINT
燃燒的穢物

六角龍會射出穢物，附著時若沒有即時清除，就會持續燃燒，這令其獲得行動的空間。《黃金傳說》中描述穢物能像被投石器擲出一樣飛行，可想像其射程有多遠。

WEEK POINT
神聖力量

六腳龍之所以向聖女馬大投降，是因為聖水的力量令牠無法動彈。如果這項觀點成立，就代表六腳龍害怕神聖力量。

COLUMN

真實身分是神祕的食人怪

六腳龍出沒的地區，自古以來就有神祕食人怪的傳說，因此有人認為這有可能是六腳龍的原形。《黃金傳說》中並沒有針對六腳龍的外觀詳細描述，不過塔拉斯孔當地卻存有一座六腳龍的石像。石像的身體布滿鱗片，背著附有短刺的龜殼，面貌和人類相仿，並且長著貓耳。在每年舉辦消滅六腳龍的慶典上，牽引行進的紙模型就是仿造這座石像造成。這項活動據說始於15世紀，對當地人來說，這也是最熟悉的六腳龍樣貌。

龍之對戰

衣索比亞的飛龍
(P.118)

光

衣索比亞的飛龍不僅具備飛行能力且力大無窮，牠準備在空中一決勝負，六腳龍則打算以穢物反擊。若不清除附著的穢物就會持續受燃燒所苦，所以對手只能見招拆招。六腳龍只須不斷噴出穢物，使對手窮於應付，再趁機攻擊頭部就能獲勝。

庫耶列布希

▶▶ 出　處｜阿斯圖里亞斯的民俗、神話、迷信、風俗等

▶▶ 流傳地區｜西班牙阿斯圖里亞斯地區

▶▶ 棲息地｜森林、泉水、洞窟等

▶▶ 能　力

力 量	5
防 禦	8
生 命	5
能 力	5
智 力	3
速 度	7

▶▶ 體長比較

推估全長：10～15 m

儘管有喉嚨這個弱點，但覆蓋身體的堅硬鱗片可以抵擋槍彈，可見防禦能力非常高；再加上一對可飛行的翅膀，因此也具備相當的速度。

　插畫：夜鳥

鱗片堅如磐石的飛龍

位於西班牙西北部的阿斯圖里亞斯地區，當地自古以來便流傳許多古老的傳說，庫耶列布希（Cuélebre）便是其中之一。傳說中，庫耶列布希是一種飛龍，全身長滿鱗片，外形有如巨蟒，並且擁有一對翅膀和兩隻腳。牠棲息在森林、泉水、洞窟等處，除了吸食家畜和人類的鮮血之外，還會以墓地的屍體為食。當地居民依循傳統獻上麵包，以防受到庫耶列布希的襲擊，後來他們想到用加熱的石頭以及藏有無數針刺的麵包來取代，果然使庫耶列布希在吃了這些食物後當場斃命。

雖然這樣的死法在今日看來不免讓人感到可笑，但從作戰層面來看，牠的實力卻是不容小覷。如果小看庫耶列布希的智慧而冒然與牠為敵，實在是不智之舉──因為牠的鱗片刀槍不入，唯有刺穿沒有鱗片覆蓋的喉嚨才能打倒牠。值得一提的是，當庫耶列布希年老之際，牠便會離開陸地前往大海。因此以麵包換取和平，才是聰明應付牠的方式。

STRONG POINT

刀槍不入的厚實鱗片

能夠抵擋子彈的鱗片，硬度相當於裝甲車的裝甲，只有下顎咬合力且強大且擁有銅牙的生物，才有可能咬穿鱗片。

WEEK POINT

沒有鱗片覆蓋的喉嚨

面對來自外界的攻擊，唯一的弱點就是沒有堅硬鱗片保護的喉嚨。畢竟仍屬生物一員，體內依然相當柔軟，只要以長矛刺進嘴巴內就能發揮效果。

COLUMN

妖精莎娜和庫耶列布希

有則傳說提到，庫耶列布希曾收養一位名叫「莎娜」（Xana）的妖精。莎娜是生活在洞窟等處的自然界精靈，外形為帶有一頭長髮的美麗女性。相傳莎娜是被施了魔法的人類，除了勇者從庫耶列布希手上解救遭俘的莎娜的典型英雄故事之外，還有庫耶列布希對適婚的少女一見鍾情，少女接受牠的心意後用魔法變成莎娜，兩人從此一起生活的故事。從這些浪漫傳說中，可以看出庫耶列布希似乎不是非得打倒的惡龍。

VS 龍之對戰

裴魯達
（P.20）

火

庫耶列布希具備堅硬的鱗片，可以防止尖刺和利牙，只要從正上方朝速度緩慢的裴魯達俯衝，從背後咬住頸部就能分出勝負。如果庫耶列布希奮不顧身衝過來，那麼只能噴出火焰或是以毒氣迎擊的裴魯達，就會面臨到巨大的危機，唯有試著將尖刺射向對手的喉嚨一途。

41

巴庫納瓦

▶▶ 出　處	無
▶▶ 流傳地區	菲律賓宿霧島
▶▶ 棲息地	大海
▶▶ 能　力	

力量	10
防禦	5
生命	6
能力	5
智力	7
速度	10

▶▶ 體長比較

推估全長：25,000 km

考慮到巴庫納瓦飛到月球的距離，可知具備相當卓越的力量和速度。外形雖為海龍，但身為掌管黑暗的神，因此擁有比人類更高的智慧。

插畫：七片 藍

吞噬六個月亮的海龍

龍族當中也有體型超乎想像巨大的龍，菲律賓宿霧島流傳的海龍巴庫納瓦（Bakunawa）就是其中之一，牠同時也是掌管黑暗的神。

巴庫納瓦的身體呈灰色，有著大大的嘴巴和鬍鬚，也能在空中飛翔。傳說提到，最高神巴塔拉（Bathala）在創造月亮時，在天空中創造了七個月亮，可是其中六個卻遭到巴庫納瓦吞噬，只留下現今唯一的一個。

巴庫納瓦為什麼會吞噬月亮？原因眾說紛紜，在現代繪本《巨龍與七個月亮》中的解釋如下。有一天，巴庫納瓦突然覺得月亮「看起來似乎很好吃」，於是便將其中一個吞進肚裡。月亮不僅像糖果一樣融化，在肚子裡滾動時也讓巴庫納瓦感覺很舒服，因此牠又吞下另外五個月亮。為了阻止月亮繼續被吞食，人們開始敲打大鼓和鍋子，巴庫納瓦發現自己的行蹤曝露，於是潛入海中躲藏起來。巴塔拉在最後一個月亮上種植竹子以遮蔽光芒，避免月亮被巴庫納瓦發現，不過偶爾還是會看見月蝕現象。

STRONG POINT
異常龐大的身體

雖然世上有不少巨大的龍，但要找到能夠吞噬月亮的龍並不容易。就這點來看，巨大的身軀本身就堪稱是最大的武器。

WEEK POINT
巨大噪音

另一則傳說提到，人們請求最高神巴塔拉阻止巴庫納瓦，祂指示眾人敲打鍋子和大鼓。由此可以看出，巴庫納瓦或許不喜歡巨大的聲響。

COLUMN

巴庫納瓦的原型其實是阿修羅？

世界各地的神話或傳說中，也有不少故事試圖解釋月亮盈虧的原因。例如西伯利亞的龍「阿爾庫拉」、印度神話的「羅睺」、北歐神話的狼「瑪納加爾姆」與「哈提」等，都曾像巴庫納瓦一樣吞噬月亮。菲律賓自西元3世紀開始與印度貿易往來，因此深受印度文化的影響，因為這層歷史背景之故，似乎也有人認為菲律賓的巴庫納瓦是印度文化引進後的羅睺化身。倘若真是如此，從神話流傳的角度來看，這個觀點也頗令人玩味。

VS 龍之對戰

耶夢加得
（P.44）

水

巴庫納瓦具有體型上的優勢，只要張開大嘴吞噬耶夢加得，就能用體內的強力消化液將其溶解。另一方面，身懷劇毒的耶夢加得只要能發揮毒性就有勝算，然而猛毒未必能馬上見效，若無法堅持到最後，最多只能和對手同歸於盡。

耶夢加得

▶▶ 出　處	埃達	
▶▶ 流傳地區	北歐	
▶▶ 棲息地	人類世界之海	

▶▶ 能　力

力　量	9
防　禦	6
生　命	7
能　力	5
智　力	6
速　度	5

▶▶ 體長比較
推估全長：11,304㎞

體型大到足以環繞人類世界，且擁有與巨大身軀相應的力量。雖然被遺棄在大海，卻仍然頑強地活下來，可見其生命力也非常旺盛。

　插畫：合間太郎

包圍世界的巨大毒蛇

在北歐神話的世界觀中，世界之樹衍生出九大世界，其中人類居住的世界稱為人類世界（即中土大陸），圍繞中土大陸世界之海的巨大世界蛇就是耶夢加得。

根據古冰島神話集《埃達》的一則傳說「欺騙古魯菲」描述，耶夢加得是惡作劇之神洛基和巨人安格爾博達之子，哥哥是著名的巨狼芬里爾，妹妹則是死神赫爾。起初，兄妹三人生活在巨人的國度約頓海姆，但眾神預見祂們將為神界阿斯嘉特帶來巨大的災難，因此主神奧丁親手將耶夢加得扔進人類世界之海。

耶夢加得倖存下來後，身體成長至足以圍繞世界之海那般巨大，後來甚至兩度出現在雷神索爾的相關故事當中。而在毀滅世界的末日之戰——諸神黃昏裡，耶夢加得掀起巨浪，吐出劇毒，朝眾神進攻。儘管耶夢加得敗在宿敵雷神索爾的手上，索爾卻也受到耶夢加得的毒液侵襲而不支倒下，最終雙方同歸於盡。

STRONG POINT
無與倫比的身軀和劇毒

一般來說，生物的力量會隨著體型增加，身體愈大，力量愈強。北歐神話的眾神雖然具備神力，但並非不死之身，因此耶夢加得的劇毒便會對眾神構成威脅。

WEEK POINT
神的武器

非要說的話，耶夢加得的弱點就是武器可以造成傷害。儘管神話沒有提到耶夢加得敗在索爾手上的詳細過程，但根據傳聞推測，牠似乎是被雷神之鎚擊碎腦袋而死。

COLUMN
與最強之神並駕齊驅的怪物

除了被扔進人類世界之海的傳說以外，索爾與巨人競技時用幻影舉起看似貓的耶夢加得、索爾以牛頭為誘餌釣起耶夢加得，以及諸神黃昏中的三度對決，這些橋段都可見到耶夢加得的身影。神話中最強的索爾是非常受歡迎的神祇，雖然耶夢加得看似配角，但如果牠的威力不足以和索爾抗衡，便難以構成索爾的英勇傳說；換句話說，耶夢加得的實力可以媲美索爾這位最強之神，力量絕對不容小覷。

龍之對戰

阿佩普（P.158）　　**闇**

兩者同樣是以利牙和身體纏繞作為攻擊手段。若毒液無法發揮效果，只能看誰能先咬碎對方頭部，或勒緊對方壓碎骨頭。形勢雖對力量占上風的耶夢加得較為有利，但阿佩普卻能再度復活。哪怕毒液可發揮效用，耶夢加得依然絕對沒有勝算，但不死之身的阿佩普也會不斷受到劇毒折磨。

加爾古尤

▶▶ 出　處　La Normandie romanesque et merveilleuse（幻想諾曼第）

▶▶ 流傳地區　法國盧昂城

▶▶ 棲息地　塞納河流域

▶▶ 能　力

力量		5
防禦		5
生命		5
能力		6
智力		5
速度		6

▶▶ 體長比較

推估全長：10～20m

吞吐大水引發洪水的能力，對人類來說相當具有威脅性。相傳也曾襲擊人類，具備足以追趕人類的速度。

插畫：夜鳥

掀起驚濤駭浪的水棲龍族

於十二世紀後期誕生的哥德式建築，可以說是精雕細琢的西洋建築代表之一。其中為了防止雨水侵蝕牆壁，壁面還特別設置了一種名為「滴水嘴獸」的突出狀排水口，據說盧昂當地流傳的龍族加爾古尤之名「Gargoyle」，正是源於滴水嘴獸的法語 gargouille 而來。

傳說中描述，加爾古尤長久棲息在塞納河流域，牠不僅襲擊周邊的人類居民和家畜，還會吐出大量的水淹沒附近的農村。直到西元七世紀，盧昂教區的大主教羅基（聖羅曼）率領死囚前去討伐加爾古尤。大主教以死囚為誘餌，成功將加爾古尤吸引過來，接著拿出十字架（或說以手指結成十字架）將其嚇退，隨即上前制伏。後來，加爾古尤被帶到城裡，居民將牠處死後再放火燒掉洩憤。加爾古尤最後被燒得只剩下頭顱。大主教為了展示上帝的威嚴，將牠的頭顱留下警示眾人。或許是因為有著「吐水」的共同點，加爾古尤後來便成為排水口的滴水嘴獸雕飾。

STRONG POINT
吐出大量的水

噴出的大水足以淹沒整個村莊。儘管對同類或水棲生物的效果不大，卻能對體型短小且無法飛行的對手構成威脅。

WEEK POINT
神聖力量

加爾古尤的傳說也可說是聖人屠龍的經典代表之一。雖然令人們深感畏懼，卻無法抗拒神的力量，可見「神聖力量」是牠的弱點。

COLUMN
加爾古尤形象
因雕飾而定型？

「加爾古尤」這個名字源於英語的「gullet」（喉嚨），也和流水咕嚕咕嚕的擬聲詞相關，從這個觀點來看，嘴裡吐水的排水口雕飾會這麼命名一點也不奇怪。關於加爾古尤的形象眾說紛紜，除了蛇身帶殼的樣貌之外，也有人說牠和典型的龍一樣，長著一對翅膀、口吐火焰。作為雕飾的滴水嘴獸，除了賦予龍和合成獸的樣貌之外，大部分都是以惡魔的形象呈現。由於和日本的獸面瓦一樣具有驅邪效果，因此外觀設計便朝醜陋可怕的方向發展。

厄客德娜
(P.96)　　　　　　　　土

加爾古尤從空中朝著厄客德娜的臉噴水，阻礙呼吸之際，再趁牠轉過臉時咬住頭部，希望一口氣決勝負。厄客德娜則不斷閃躲，避免直接被水衝擊，同時仔細觀察加爾古尤的動作。只要衝向對手時躲開噴水攻擊，趁勢勒住脖子，力氣較大的厄客德娜就能占上風。

虹蛇

▶▶ 出　處｜無

▶▶ 流傳地區｜澳洲

▶▶ 棲息地｜岩山的地底

▶▶ 能　力

力量	7
防禦	5
生命	7
能力	8
智力	6
速度	6

▶▶ 體長比較

推估全長：20km

移動留下的痕跡足以形成山丘和山谷，力量可見一斑；由於創造世上所有生命，因此有不錯的生命力。從影響天氣、引發災難的描述來看，能力相當卓越。

插畫：月岡ケル

澳洲原住民敬畏的彩虹龍

　　世界各地普遍都可以見到將彩虹的自然現象視為蛇或龍的化身的傳說，其中又以澳洲原住民流傳的虹蛇最為有名。

　　虹蛇亦即色彩鮮豔、巨蟒（澳洲莽科分布最廣的地毯莫瑞蟒）形象的精靈，祂不僅創生鳥類、動物與人類等各式生命，也能創造出石頭、樹木、水等自然造景。虹蛇不僅創造萬物，其所到之處也都會形成峽谷和河川等豐富地形。

　　傳說中，虹蛇棲息在泉水或岩山的地底下，待旱季結束之後降雨滋潤大地，堪稱是具備創造神與水神特性的龍神；相反地，倘若觸怒虹蛇，牠就會引發暴風雨、乾旱、洪水等可怕的災害來懲罰人類。澳洲原住民為了避免觸怒精靈，因而制定出各式各樣的規定與禁忌，因此只有極少數人才得以接近虹蛇的棲息地。可以說虹蛇既是當地住民尊敬的對象，也是令人畏懼的存在。

STRONG POINT
促成各種災難

在擁有多位神祇系譜的神話中，自然災害通常是由不同的神所掌控。一手掌握大部分自然災害的虹蛇，在這方面的能力可說是相當突出。

WEEK POINT
人類武器也能發揮作用

雖然沒有明顯弱點，但在創世神話中有一段受到長矛傷害而產下人類的描述。即使是人類的武器也能造成傷害，這點算得上是一大弱點。

COLUMN
外觀和傳說
會因部落而異

　　虹蛇有各式各樣的名稱，流傳下來的故事也形形色色。澳洲原住民的部落規模最大不超過100人，每個部落的語言和習慣也各不相同，因此才有這樣的現象。不僅在氣候方面，虹蛇還會透過一種難以理解、名為「夢時間」的「時空運作」方式來改變世界，這在所有部落中是唯一共通的概念。

　　彩虹蛇傳說也出現在非洲神話體系當中。加勒比海的巫毒信仰將蛇神丹巴拉（Danbala）奉為主神，其妻子則為彩虹神阿伊達（Ayida）。

龍之對戰

堤豐
（P.70）

風

　　堤豐的優勢在於力量和體格，因此希望能以格鬥戰一決勝負，然而牠的移動速度卻受到虹蛇引發的海嘯而變得遲緩；若是堤豐試圖投擲岩石，虹蛇就會製造地震來妨礙牠的行動。

　　虹蛇還會在這段期間不斷召喚雷電，堤豐就算成功接近也會遍體鱗傷，勝算可說微乎其微。

八岐大蛇

▶▶ 出　處 ｜ 古事記、日本書紀等

▶▶ 流傳地區 ｜ 日本

▶▶ 棲息地 ｜ 高志

▶▶ 能　力 ｜

力量	7
防禦	5
生命	5
能力	5
智力	4
速度	5

▶▶ 體長比較 ｜

推估全長：2.7km

八岐大蛇是在睡夢中被打倒，所以無法得知牠真正的實力，不過由於體型龐大，應該具備相當程度的力量。

插畫：合間太郎

因 酒 誤 事 的 日 本 怪 物

日本各地有許多龍和大蛇的傳說，八岐大蛇就是最具代表性的怪物。牠的樣貌近似巨蟒，擁有八個頭和八條尾巴，鮮紅的眼睛有如酸漿一般，龐大的身軀上有八個山峰與山谷，上面布滿苔蘚和扁柏等各式植物。

根據《古事記》的描述，八岐大蛇每年都會出現在高志的肥河（現在的斐伊川）上游，將住在附近的足名椎與手名椎夫婦的女兒吃掉。兩人原有八位女兒，最後只剩下櫛名田比賣一人，即將輪到她犧牲的那一年，被逐出天界、降臨出雲國的須佐之男（又名素盞嗚尊）來到夫妻倆面前。須佐之男告訴兩人，只要他們願意將櫛名田比賣許配給自己，他便願意替他們擊敗八岐大蛇，夫妻兩人也應允了。

須佐之男準備了八個裝有烈酒的木桶，接著便動身前往討伐八岐大蛇。如往年一樣現身的八岐大蛇，注意到設置在路上的酒桶，便一口氣把裡面的酒喝個精光，隨後便昏昏大睡。此時須佐之男便趁八岐大蛇睡得不省人事時將其大卸八塊。

STRONG POINT
龐大身軀

由於八岐大蛇的體型過於龐大，為了避免正面對決，就連須佐之男這位出名的莽漢也是用計將牠灌醉。

WEEK POINT
美女

在鎌倉時代的故事中，八岐大蛇看見酒中出現美女人偶和櫛名田比賣的樣貌，在誤以為是本尊之下一口將酒吞進肚內，可見美女是牠的致命弱點。

COLUMN

八岐大蛇
其實隱含深意？

《古事記》中的高志為日本古代的越國（北陸地區），越國過去曾和出雲國隔海交流。在記載出雲神話的《出雲國風土記》中，雖然沒有出現前述的傳說，但有一說認為，大穴持（即大國主）平定的「越之八口」，八口即為八岐大蛇；而出雲每年都有獻上美女的慣例，代表出雲很可能是附屬在越國之下。關於八口並沒有定論，假設是指越國八個有力村落的首領，那麼大穴持所謂的平定八口（亦即討伐八岐大蛇），也能視為出雲從越國獨立出來的故事。

VC 龍之對戰

共工
(P.82)

風

共工氏雖能引發洪水，但對上八岐大蛇效果有限。雙方都無法噴火，只能藉近身戰一決勝負。儘管八岐大蛇在體格和力量上居於劣勢，不過由於頭部和尾巴的數量較多，只要不停發動攻擊，就能取得優勢。共工拿起大樹或岩石，提高一擊必殺的威力，若能擊碎對手的腦袋便可贏得勝利。

九頭龍

▶▶ 出　　處　｜無

▶▶ 流傳地區　｜日本長野縣戶隱神社、神奈川縣箱根神社

▶▶ 棲息地　｜戶隱山、蘆之湖等

▶▶ 能　　力

力量	6
防禦	6
生命	6
能力	7
智力	7
速度	6

▶ 體長比較
推估全長：10～20m

可控制自然現象，擁有不錯的能力素質。本來只是一條毒龍，皈依佛祖後轉化為龍神，整體能力因此獲得提升。

　插畫：夜烏

擁有九顆頭的水神象徵

日本各地有許多祭祀龍神的神社，其中最具知名度的，就屬位在長野縣的戶隱神社，以及位在神奈川縣的箱根神社。以這兩座神社為首，供奉九頭龍大神作為主神。

每座神社的九頭龍傳說各不相同，其中箱根神社的相關傳說描述，奈良時代的蘆之湖一帶有個名叫萬字池的地方，這裡住著一條能召喚烏雲、掀起波浪的毒龍，讓附近的居民飽受折磨。得道高僧萬卷上人聽聞箱根神社的傳聞後，決定對百姓伸出援手。他修築祭壇誦經祈禱，用法力將毒龍制伏。毒龍對自己的罪行感到懺悔，於是皈依佛教化為龍神；上人也修建新的神社，奉龍神為守護當地的九頭龍大神。另一方面，戶隱神社供奉的九頭龍原本就是戶隱山的守護神，據說是開山的學問行者宣告在此設立伽藍時，自己進入寶窟用岩石封印起來。據說這尊九頭龍喜歡吃梨，只要奉上切開的梨子，蛀牙就能治癒。此外，福井縣和埼玉縣也有九頭龍川，可見其信仰之廣。

STRONG POINT
操控自然的力量

擁有召喚烏雲的能力，能引發暴風雨和閃電。九頭龍的體能力量不明，但能將這種操縱大自然的特殊能力變成有效的武器。

WEEK POINT
神聖力量

九頭龍為佛法所感召，化為龍神。既然已皈依，就無法違抗佛祖之意，只能受到神聖的力量所束縛。

COLUMN

與九頭龍合一
和修吉信仰

日本從繩文時代開始盛行蛇的信仰，蛇被視為水神和豐收神的化身。當時的氣溫比現在高2度左右，就連本州也有很多地區呈亞熱帶氣候，非常適合蛇生存。到了彌生時代，龍的傳說從中國傳入，與奉為水神的蛇相結合；隨著佛教在6世紀傳入，佛法的守護者八大龍王的概念也一起來到日本。其中，有九個頭的和修吉，開始被賦予「多頭龍王」、「九頭龍王」的尊稱，這就是九頭龍與日本各地水神習合，成為九頭龍大神的原因。

VC 龍之對戰

九頭蛇
(P.36)

水

九頭龍原為毒龍，任得到佛法的庇護後，如今已能緩解九頭蛇的劇毒。至於不斷再生的頭只要用閃電燒毀即可應付，而不死的頭只能咬掉封印起來。勝利關鍵在於能否迅速打倒再生的頭，如果動作慢了一步，九頭龍的勝算便微乎其微。

蜃

▶▶ 出　　處	本草綱目、三才圖會等
▶▶ 流傳地區	中國
▶▶ 棲息地	海岸、河口等

▶▶ 能　力

力　量	4
防　禦	4
生　命	5
能　力	6
智　力	4
速　度	6

▶ 體長比較

推估全長：3～5m

除了形成海市蜃樓外，幾乎沒有其他關於蜃的情報。不過從棲息於水中、似乎擅長游泳等資訊來看，擁有不錯的能力和速度。

56　　　　　　插畫：月岡ケル

產生海市蜃樓的水龍

海市蜃樓是一種因光線的折射或反射作用，使得遠方景物投映在空中，形成看似浮起或上下顛倒的現象。

「蜃」這個詞源自公元前一世紀撰寫的中國史籍《史記》，其中有一段「海旁蜃氣像樓台」的描述。成書於十六世紀後期的本草書《本草綱目》，蜃的相關內容出現在蛟龍（P.58）的項目之中。

蜃的外觀像一條大蛇，有著龍一樣的角和紅色鬃毛，腰部以下的鱗片逆向生長。據說牠喜歡吃燕子，呼出的氣會形成樓台或城郭，因此有蜃樓或海市之稱（皆為海市蜃樓的別稱）。

另外，關於蜃的誕生有多種說法，有人說牠是蛇和龜生下的龜，再與雉相交而誕生；也有一說認為牠是與蛇相交的雉所產下的蛋，受到雷擊後潛入地下化為蛇形，經歷兩百到三百年間破土升上雲霄。

順帶一提，與《史記》同時期撰寫的儒家典籍《禮記》，其中也有一段「雉入大水為蜃」的敘述，雉生下蜃的說法就是以此為依據。

STRONG POINT
吐氣產生的海市蜃樓

可直接造成傷害的武器只有尖牙和利爪。不過，如果吐氣形成的海市蜃樓能發揮幻術效果，就能成為迷惑對手的有效武器。

WEEK POINT
嬌小體型

蜃被視為蛟龍的一種，也是龍成長過程的一種形態；其體型因為年幼而顯得嬌小，若進行接近戰的話形勢較為不利。

COLUMN

是龍還是大蛤？
令人混淆的蜃

雖然蜃的傳說也傳入日本，但一般是以大蛤妖怪的身分較廣為人知，因為日本人普遍認為，中國有一個同樣被稱為「蜃」的大蛤。日本江戶時代的《和漢三才圖會》，便是基於《本草綱目》和17世紀初的《三才圖會》繪成，其中針對龍型和大蛤兩種蜃加以介紹。只是在百姓間大受歡迎的鳥山石燕的妖怪畫集《今昔百鬼拾遺》中，只介紹了大蛤的蜃，對後世產生相當大的影響。

VS 龍之對戰

翼龍
（P.90）

土

如果是止面迎戰，具備飛行能力的翼龍較有優勢。然而翼龍的智商不高，很容易受到蜃吐氣造成的海市蜃樓所迷惑。若能把翼龍拖入水中，蜃就能收下勝利，能否在攻擊範圍內產生海市蜃樓，就成為蜃取得勝利的關鍵。

水

No.12

蛟龍

▶▶ 出　處 ｜ 山海經、本草綱目、五雜組等

▶▶ 流傳地區 ｜ 中國

▶▶ 棲息地 ｜ 河流、湖泊、深淵等

▶▶ 能　力 ｜

力　量	4
防　禦	4
生　命	4
能　力	6
智　力	4
速　度	5

▶▶ 體長比較 ｜

推估全長：3m

仍處於成長期，整體能力數值偏低，一旦成長為龍，就能夠獲得神通力。能力略高，生存所需的速度也有達到一般龍族的水準。

58　　插畫：夜鳥

被視為淡水魚之首的小龍

中國自古以來就把龍單獨提出歸類為「龍屬」，並根據外觀和特性的差異，分別以不同的名字來稱呼（好比日本的出世魚），蛟龍即是其中一種稱呼。

關於蛟龍的描述眾說紛紜，根據十六世紀後期的《本草綱目》的內容，蛟龍的身長約為三公尺，四隻腳如盾牌般扁平，頭型不大，下顎細小，脖子上散布白色環狀的花紋，胸前呈紅褐色，背上有藍色斑點，側面像錦緞，尾巴有肉環。據說蛟龍也是

河流、池塘、湖泊、深淵等水域的棲息淡水魚之首，根據最古老的漢字辭典《說文解字》的描述，池塘內的魚一旦達到三千六百條，蛟龍就會立刻現身將魚帶走；不過只要把魚籠放在水中，蛟龍就會馬上離開。

除此之外，《本草綱目》中還記載漢代的漢昭帝釣起蛟龍的故事。相傳蛟龍年幼短小，長有柔軟的角，骨頭呈藍色，身體帶有紫色，用醋醃漬後吃起來味道相當美味。

STRONG POINT
化龍之前即能運用的神通力

雖有一定條件，但是在邁入即將成龍的階段，就能獲得呼風喚雨的神通力；面對以火焰為武器的對手時，便能站在有利的位置作戰。

WEEK POINT
不堪一擊的幼龍

剛成為蛟龍時和蛇沒什麼兩樣，需要花費千年才能轉化為龍。幼小的蛟龍不僅會被人類吃掉，還有可能遭到肉食動物襲擊。

COLUMN
年幼的年輕龍
持續等待成長

中國人認為，龍的每個成長階段都有不同的稱呼。集結動物植物相關傳說的《述異記》記載，水蛇在500年時成為蛟，蛟在1000年後化為龍，龍在500年時成為角龍，角龍在1000年後進化成應龍。然而，關於蛟龍的看法卻出現分歧，有將蛇視為蛟龍的觀點，也有蛟是頭像鯉魚的幼體，而龍是蛟龍的說法。和《本草綱目》同一時期撰寫的《五雜組》認為，出海的蛟會轉化為龍，蛟龍即為蛟。不管怎麼說，蛟龍算是年幼的龍，未來仍有成長茁壯的空間。

龍之對戰

怒蛇
(P.114)　　　　光

怒蛇擁有像蠍子一樣的尾巴，攻擊力極強。蛟龍想緊咬怒蛇伸長的尾巴不放，試圖一舉咬碎。能力略遜一籌的蛟龍，只要能壓制怒蛇有如猛禽般的後腿，就有極高的勝算。

若是能將怒蛇誘入水底，減緩牠的速度，再用下顎反擊，慢慢擊潰腿部，就有可能獲勝。

水
No.13

相柳

▶▶ 出　處	山海經
▶▶ 流傳地區	中國
▶▶ 棲息地	不明

▶▶ 能　力

凡是碰觸之地會變成沼澤和山谷，擁有足以改變地形的力量，能力方面較為突出。因為是吃掉9座山的大胃王，所以也有不錯的生命力。

力量	5
防禦	5
生命	6
能力	7
智力	5
速度	6

▶▶ 體長

推估全長
50km

擁有九個人頭的共工之臣

在中國神話中，相柳是以推倒不周山的故事而著稱的共工（P.82）的臣子。根據中國最古老的地理書《山海經‧海外北經》的描述，相柳的外形為具有九個人頭的藍色巨蟒，牠能用九顆頭吃掉九座山，所經之處會變成毒沼澤及山谷，也因此相柳在舜帝時期遭到負責治水的禹所殺害。然而相柳屍首所流出的腥血導致農作物無法生長，禹只好填挖這些地方。經過三次塌陷之後，他決定將這裡挖成池塘，並用挖出來的泥土修築帝王的高台。另外，在《山海經‧大荒北經》中，相繇這個條目下也有類似的記載，因此也常與相柳並提，被視為同一個怪物。

STRONG POINT
汙染大地的毒血

從《山海經》的描述來看，汙染土地的相柳之血具有毒性，雖然並非口吐毒液攻擊，但仍有可能靠血濺到身上的方式使對手中毒。

WEEK POINT
無

從文獻來看，相柳並沒有特定的弱點。禹之所以能打敗相柳，是因為他是神話時代的傳說人物，擁有神一般的力量。

龍之對戰

堤豐
（P.70）

風

堤豐在力量方面具有優勢，但相柳的體型卻是牠的兩倍。若9個頭同時發動攻擊，體型只有一半的堤豐根本無力抵擋；堤豐只能靠拋出山丘或吐火等方式，在相柳逼近前將其擊倒。

虹蜺

▶▶出　處｜述異記、五雜書、異苑等

▶▶流傳地區｜中國

▶▶棲息地｜不明

▶▶能　力

相傳能化為人偶，能力方面略為突出。原本就是彩虹，可以瞬間往來於天地之間，足見擁有超凡的移動速度。

力量	5
防禦	5
生命	5
能力	6
智力	5
速度	9

▶▶體長

推估全長
7m

降臨地面的夫妻龍

在中國古代，彩虹被認為是一公一母的夫妻龍化身，當彩虹出現的時候，有時主彩虹的旁邊隱約可見副彩虹的存在。之所以將主彩虹命名為雄虹，副彩虹命名為雌蜺（或霓），即是根據這種夫妻的觀點而來。由於彩虹呈現弧形，因此人們認為虹蜺會降臨到地面飲水。集合古代超自然故事的《異苑》中，便有虹喝盡鍋裡的酒而吐出金塊的故事，還有出現在皇室面前喝粥的白虹故事，在日本也有蛇降臨飲水的傳說。另外，虹也會變成人類的樣貌，在《搜神後記》中，就出現虹讓女性產子後帶走嬰孩的故事。

STRONG POINT
能以光速移動？

沒有火焰、劇毒等武器，身體能力也不突出。不過，身為虹龍的虹蜺卻能以非常快的速度移動，因此能藉由速度來保護自己。

WEEK POINT
移動範圍可能受限

虹蜺基本上只有在白天才能降臨地面，必須在天氣條件充足的情況下，才會出現在沼澤和瀑布這類有水的地方。

VS 龍之對戰

清姬
(P.26)

火

想帶走孩子的虹，想留住虹的清姬，兩人展開一場特別對決。虹不動聲色地等待孩子長大，只要有機會踏出戶外，就能在一瞬間將孩子帶走。對美男子沒輒的清姬能否看穿虹的目的，就是勝負的關鍵。

Dragon Battle
龍之對戰

充滿巨人的北歐神話中，像世界之蛇耶夢加得如此巨大的怪物屈指可數。
其對手為曾經戰勝宙斯、號稱希臘神話最強的怪物堤豐。
代表各自神話的終極怪獸之戰，震撼全世界！

最強之神索爾也棘手的巨大體型
耶夢加得

北歐神話中圍繞世界之海的巨蛇，為最強之神索
爾的勁敵，其拿手絕活是用巨大身軀壓扁一切，
還有從嘴裡吐出神也無法抵抗的劇毒。

▶▶ 能 力	詳細參閱 P.44
力 量	9
防 禦	6
生 命	7
能 力	5
智 力	6
速 度	5

VS

大地之母蓋婭產下的怪物之王
堤豐

頭部直達天際，雙臂能踮觸東西方的地平線，為
半人半蛇的巨大怪物。正如神格化的颱風，能操
縱風自由自在於空中飛翔。從口中噴射出的高熱
火焰可將敵人焚燒殆盡。

▶▶ 能 力	詳細參閱 P.70
力 量	8
防 禦	5
生 命	10
能 力	6
智 力	4
速 度	5

插畫：合間太郎

Round 1
瞬間邁入高潮！
以得意屬性噴射迎擊

噴射毒液

耶夢加得噴出的
毒液，連眾神都
畏懼三分，就連
索爾也承受不住
毒素的侵蝕。

超乎想象的巨大怪獸之戰，在彼此擅長
的噴射攻擊下揭開序幕。堤豐從空中噴
出火焰，於海面露出半身的耶夢加得噴
射毒液，兩邊激烈碰撞，互不相讓，威
力看似平分秋色。

紫色和紅色的光芒一進一退！
噴射對決雙方不分軒輕

Jörmungandr

Typhon

LIFE 65000/70000

LIFE 95000/100000

Round 2
怪獸與怪獸的戰鬥
開啟第二輪肉搏戰！

眼見噴射戰勢均力敵的堤豐決定降落地面，
耶夢加得也從海上一步步逼近登陸。緊張的
對峙狀態持續沒多久，雙方突然同時撲向對
方，戰鬥進入激烈的肉搏戰！

DANGER!

巨大的雙臂
堤豐的優勢在於能伸展至
世界東西方盡頭、如人類
手臂般靈巧的巨腕。

巨大雙臂攻擊 vs 粗長軀幹纏繞！
肉搏戰依然勢均力敵！

Jörmungandr

LIFE 54000/70000

Typhon

LIFE 82000/100000

Round 3
不眠不休的戰鬥持續數日
最終鹿死誰手？

雙方勢均力敵，戰鬥持續數日不下，兩邊絲毫沒有疲憊的跡象。就在所有人以為即將進入持久戰時，大地因為戰鬥激烈而發出了巨響！纏鬥不休、難分難解的兩隻巨獸，被腳下突然撕開的巨大裂縫吞噬。

DANGER!

地裂

大地承受不住超大型怪獸鬥爭而崩裂，雙方都落入深淵之中，為這場戰鬥畫下了休止符。

巨大裂縫吞沒一切地面生靈，雙方同歸於盡！

Jörmungandr

DRAW
不分勝負

Typhon

LIFE 0/70000

0/100000

世界龍族小事典②

卡沙夫河之龍

流傳地區▶伊朗
出處▶列王紀

使豐饒大地荒蕪
吞噬一切生命的巨大毒龍

於11世紀創作、波斯帝國歷史上最宏大的史詩巨篇《列王紀》中，記載有薩姆（Sām）、薩爾（Zāl）、羅斯坦（Rostam）祖孫三代皆為英雄的一族傳說。薩姆在封印惡龍阿茲達哈卡的費里頓國王（Fereydun，在《波斯古經》中名為Θraētaona）手下效力，後來還擔任王子的監護人，可謂位高權重。他曾和卡沙夫河之龍展開一場大戰，這條巨龍的身長足以連接兩座城市，體寬足以連接兩座山，還能從口中吐出火焰和毒

氣。大地因為牠受到汙染，遍地的植物也隨之枯萎，周遭的生物都變成牠的餌食，最終所有人類和動物都無一倖免。統治這片土地的薩姆騎著體型如大象般的馬匹，裝備牛頭形狀的長矛和盾牌，身上攜帶弓箭，前往消滅這頭惡龍。惡龍察覺薩姆的意圖，不顧上顎的箭傷直衝而去，薩姆使出渾身解數，用長矛擊碎龍的腦袋，總算令惡龍倒地而亡，但他自己也身中龍毒而痛苦了好一段時間。據說龍棲息的地區，即便在龍死之後仍有許多年都一直無法種植農作物。

喇合

流傳地區▶美索不達米亞
出處▶埃努瑪・埃利什、舊約聖經等

聖經和神話皆記載其名
被囚禁的東方怪物

喇合（Rahab）為海上的惡魔。在巴比倫創世神話《埃努瑪・埃利什》中，牠是原初之海的女神提阿瑪特（Tiamat）為了準備與諸神作戰，特別創造出的11隻怪物之一。與諸神作戰之初，提阿瑪特占有優勢，後來卻遭到新登上眾神之王寶座的馬爾杜克（Marduk）擊敗，而所有的怪物也遭到俘虜。喇合被囚禁在洞穴裡，後來也為馬爾杜克所殺死。除此之外，喇合也出現在《舊約聖經》的記述裡，在《約

伯記》中，喇合遭到上帝的力量擊碎，成為人類無法衡量上帝之偉大的事例之一。喇合在《以賽亞書》第51章和《詩篇》第89章等處，也都被視為象徵原始混沌世界的海中怪物。喇合的名字也被用來比喻埃及，例如《以賽亞書》第30章中，描述猶大國面臨亞述帝國的威脅而向埃及求助的故事，這裡是將束手無策的埃及比喻為「正在休息的喇合」。此外，儘管喇合的形象並不明確，但通常會拿來與利維坦相提並論，因此一般都將喇合視為海龍的一種。

第三章

風屬性的龍

Fantasy Dragon Encyclopedia

飛龍

▶▶ 出　處｜無

▶▶ 流傳地區｜英國

▶▶ 棲息地｜山上、森林洞窟等

▶▶ 能　力

力量	5
防禦	6
生命	5
能力	6
智力	4
速度	8

口吐火焰，尾巴有毒，擁有不錯的能力。與一般的四腳龍相比，飛龍的翅膀通常比身體還大，擁有相當快的飛行速度。

▶▶ 體長比較

推估全長：5～10m

插畫：合間太郎

與人類親近的龍族

飛龍有一對大翅膀和兩條腿，常見於英國紋章，也是家喻戶曉的龍族成員。其英文名「Wivern／Wyvern」源自法國的有翼蛇翼龍（Wivre），中間經過英語化形成「Wyver」，從十五世紀才開始有如今的通稱。

在英國赫里福德郡的莫迪福村，當地流傳一則有位名叫莫德（Maud）的女孩將飛龍撫養長大的故事。傳說中，莫德某一天在森林裡撿到一隻飛龍的幼龍，她不顧父母的反對，偷偷藏在森林裡餵養，飛龍就在她的細心照料下快速成長。雖然飛龍和莫德十分親近，但是光靠牛奶已經無法滿足牠成長後的胃口，於是飛龍闖進村裡吃掉家畜，甚至襲擊村民。雖然莫德試圖阻止，但飛龍早已失去理性，受害的村民不得已只好尋求當地的名門加斯頓（Garstone）家族的協助，最終由加斯頓家的一名男子成功斬殺了飛龍。莫德得知消息後，憤怒地朝這位男性扔石頭，並且在飛龍的屍體旁悲痛欲絕。男人沒有任何抗議，只是悄悄地返回村莊。

STRONG POINT
空中的機動性

儘管火焰和尾巴的毒都能作為武器，但在空中自由飛行的機動力仍是最大的優勢。如果是在空曠處與無法飛行的對手交戰，就能成為巨大的威脅。

WEEK POINT
柔軟的口腔

長大後堅硬的鱗片會覆蓋全身，可是在傳說中，飛龍卻是遭長矛刺入口中而致命。只要對準這項弱點，人類的武器也能造成傷害。

COLUMN

以實際生物而論
飛龍的構造最為自然

脊椎動物雖然已進化出各式各樣的形態，但自誕生以來，結構本身基本上並沒有太大變化。這個現象從陸地生物來看更容易理解，他們的四肢幾乎都是以脊椎為中心而發展。鳥類的翅膀也是從前肢演進，因此一對翅膀和雙腳的飛龍，這樣的形態在生物學上也有跡可循。順帶一提，三疊紀時代於空中飛翔的翼龍，大部分都是用4隻腳在地面上移動，從這一點來看，飛龍和鳥類十分接近，因此這種生物結構平衡的形象，便成為大受歡迎的紋章設計圖案。

VS 龍之對戰

衣索比亞的飛龍
（P.118）

光

衣索比亞的飛龍力大無窮，擅長使用絞殺攻擊。飛龍沒有前肢，所以不利於近身格鬥，最好的方式是利用速度在空中保持距離，不斷噴射火焰。衣索比亞的飛龍必須透過近身戰才能取勝，唯有不畏火焰，勇往直前縮短距離，才能大大提升獲勝的機率。

風
No.02

堤豐

▶▶ 出　處	神譜、希臘神話等
▶▶ 流傳地區	希臘
▶▶ 棲息地	埃特納火山
▶▶ 能　力	

力量	8
防禦	5
生命	10
能力	6
智力	4
速度	5

▶▶ 體長比較

推估全長：27km

堤豐的力量足以令被勒緊的宙斯放下鐮刀。雖然外表看似怪物，卻是神的孩子，同時也是各種怪物的父親，所以擁有強韌的生命力。

插畫：合間太郎

與主神對峙的地母之子

颱風會帶來可怕的狂風暴雨，而這個單字的英語就是源自希臘神話中的怪物堤豐（Typhon）。

堤豐的體型巨大，不但頭顱可直達天際，雙臂伸展時還能碰觸到東西方的地平線。在不同的文獻記載中針對其外觀有不一樣的描述，但基本上可得知堤豐上半身與人類相同，大腿以下是蟒蛇，頭上有一百條蛇或龍，眼睛或嘴巴吐出火焰，據說身上也有羽毛，在公元前六世紀出土的陶罐上便繪有堤豐帶有一雙翅膀的形象。

堤豐的父母是原初之神蓋婭和塔爾塔羅斯，蓋婭對宙斯幽禁自己的孩子泰坦族（巨神族）感到憤怒，於是生下癸干忒斯（巨人族）與其對抗，但仍遭到宙斯打敗；為了打倒宙斯，蓋婭又生下了堤豐。堤豐後來和蛇神厄客德娜生下包括冥界看門狗刻耳柏洛斯在內的各種怪物，雖然具備足以與宙斯抗衡的實力，但是經過一番激戰仍不敵宙斯，最終被壓在埃特納火山之下。相傳宙斯在這場戰役中投出雷霆，才導致埃特納火山經常噴火。

STRONG POINT
絞殺諸神的怪力

能夠從宙斯手上搶下鐮刀，正是絞殺力量驚人的表現。儘管可以用火焰應付一般的對手，但這項武器在宙斯的雷霆面前卻毫無用武之地。

WEEK POINT
遭女神欺騙的低智商

雖然稱不上優勢，但堤豐的實力與主神宙斯不相上下，若堤豐擁有不致喪命運三女神欺騙的智慧，宙斯未必能在下一次對戰中獲勝。

COLUMN

驚世駭俗的風暴之子
一度戰勝宙斯

如前所述，堤豐雖然敗給了宙斯，但牠也曾在第一次戰鬥中取得勝利。堤豐勒住宙斯奪走鐮刀，並切斷宙斯的手和腳筋，並且將他囚禁起來。辛虧傳令神荷米斯和牧神潘後來騙過負責看守的德爾菲尼，才成功救出宙斯。面對宙斯第二次的挑戰，堤豐從命運三女神手中得到勝利果實，卻慘遭欺騙而吞下讓人失去力量的一日果，最後被宙斯扔出的埃特納山壓在底下。

龍之對戰

魁札爾科亞特爾
(P.78)

風

雖然堤豐無法飛行，卻能夠把山擊碎，扔出碎石。因為力量略勝一籌，若遭到魁札爾科亞特爾勒住，可以反過來纏住下半身控制對手的行動。這時再用一手抓住對方的頭，就能以另一手隨意進攻，最終在保持優勢的情況下獲勝。

風
No.03

林德蟲

▶▶ 出　處	黑森傳說等
▶▶ 流傳地區	德國、奧地利、瑞士等德語系國家
▶▶ 棲息地	泉水、溼地、洞窟
▶▶ 能　力	

▶▶ 體長比較

推估全長：15～20m

力　量	6
防　禦	5
生　命	5
能　力	6
智　力	4
速　度	6

型態為大蛇，全身充滿肌肉，有不錯的力量。特殊能力為劇毒，如果是具備了翅膀的飛龍型態，便具有飛行能力，在能力和速度方面皆較為出色。

插畫：夜鳥

流傳於德語圈的大蛇型之龍

德語中有兩個可以用來代表龍的名詞，一是擁有翅膀和腳的Drache，另一個則是指涉外形有如巨蟒的Wurm（即英語中的Worm）以及林德蟲（Lindwurm），後者在丹麥和瑞典稱為Lindorm。

Lindorm這個稱呼後來與菩提樹的德語「Linde」聯繫在一起，被認為是潛伏在菩提樹之下的蠕蟲。但是林德蟲在傳說當中，多半都是棲息在泉水、溼地與洞窟等處。

在德國童謠中，有林德蟲可以輕易吃下六個人的歌詞內容；而在奧地利也有林德蟲可連同行李一起吞下數頭公牛的傳說，可見林德蟲似乎是一種大型的龍。除了體型龐大這個特點，林德蟲也具有毒性，據說有位勇士雖然成功將牠殺死，卻也遭到尾巴前端所刺傷，最終因林德蟲噴出的毒血侵襲而毒發身亡。從這則故事可以得知皮膚沾到毒血便能造成立即死亡，可見毒性相當強烈。

STRONG POINT
體內的猛毒

從傳說來看，林德蟲的毒液可與希臘神話中的九頭蛇媲美，如果不能避免近距離的戰鬥，即使能打敗牠，也難以全身而退。

WEEK POINT
低防禦力和有限的進攻手段

林德蟲沒有特別的弱點。但與其他種類的龍相比，不僅無法抵擋人類的武器，可用的攻擊手段也有限，這些都是不利因素。

COLUMN

現代的林德蟲轉變為飛龍外形

如前所述，在記載傳說的文獻中也能看出Lindworm以及Drache之間書寫的區別。

此外，位於奧地利的克拉根福，象徵城市的林德蟲圖騰，是呈現帶有翅膀和雙腳的飛龍形象，而建於14世紀的廣場雕像也採用相同的造型，看來當時人們就認定林德蟲是一種飛龍。之所以將林德蟲和閃電或流星加以連結，想必也是基於這種形象。目前日本的電玩遊戲中也多半以飛龍型來呈現。

VS 龍之對戰

庫耶列布希
(P.40)

水

雙方都沒有噴火攻擊，選擇在近距離戰一決勝負。林德蟲只需命中喉嚨就獲勝，但其他攻擊都會被庫耶列布希的堅硬鱗片彈開，不易取勝，不過林德蟲還有血液中含有劇毒的優勢。庫耶列布希即使能用尖牙或利爪擊退，也會因劇毒而死，最終極有可能兩敗俱傷。

弗栗多

▶▶ 出　處	梨俱吠陀、摩訶婆羅多等
▶▶ 流傳地區	印度
▶▶ 棲息地	大海
▶▶ 能　力	

力 量	████████	8
防 禦	████████	8
生 命	████████	8
能 力	███████	7
智 力	███████	7
速 度	██████	6

▶▶ 體長比較

推估全長：10km

與雷神因陀羅戰得難分難解，整體能力相當優越。除了操縱天氣的特殊能力外，還擁有為了不受傷害而提出有利條件的智慧。

插畫：合間太郎

為了復仇而創造於世的惡魔

弗栗多是在印度教以及印度教的前身——婆羅門教神話中登場的惡魔，和雷神因陀羅的戰鬥使牠一戰成名，不過每個文獻對於其出身、形象，以及戰鬥過程的敘述都有所差異，因此也出現弗栗多是龍或巨人等不同的說法。弗栗多為仙人迦葉波或創造神陀溼多，為了向因陀羅報殺子之仇而創造出來的怪物。根據印度史詩《摩訶婆羅多》中的描述，弗栗多在第一次戰鬥中吞下因陀羅，眾神將因陀羅救出後，雙方再度展開戰鬥，終於成功使弗栗多撤退。後來弗栗多聽從毗溼奴的建議，終於接受了眾神的調解，並且定下「不能使用乾或溼、樹木或岩石、一般武器、因陀羅的金剛杵等武器，也不許在白天及夜晚進攻」等條件，雙方總算握手言和。

然而不幸的是，弗栗多後來卻在既不是白天、也不屬於夜晚的傍晚（或有一說為黎明）於海邊遇見因陀羅，因陀羅投出毗溼奴神化身的泡沫，將弗栗多殺害。

STRONG POINT
吞噬因陀羅的巨大身體

弗栗多強大的祕密就在於出生的根源，因為牠生來就是為了向因陀羅復仇。而從物理的角度來看，牠擁有足以吞下因陀羅的龐大身軀。

WEEK POINT
無

雖說最後是被毗溼奴化身的泡沫打敗，但這是迴避附帶條件下所產生的結果，若真要找出所謂的弱點，可以說毫無破綻。

COLUMN

弗栗多背後意喻時代的變革

印度神話在信仰的興衰和世俗的影響之下發生潛移默化。例如，在《梨俱吠陀》中便有描述蛇的長子弗栗多把水堵在山洞裡，因陀羅將其擊敗後把水釋放出來的故事。弗栗多是乾旱和冬天的化身，因陀羅則是慈雨和春天的象徵。前述的弗栗多出身是根據後來的文獻描述，從身分來看，牠屬於祭司階級婆羅門；相對地，因陀羅則是武人階級剎帝利的象徵。或許是受到身分制度與階級鬥爭的影響，這樣的情況在神話中也有所體現。

VS 龍之對戰

伊路揚卡什
(P.160)

闇

兩方都是曾與神決鬥的龍，體型相去不遠，除了啃咬和絞殺以外，沒有其他進攻手段，如果雙方扭打糾纏在一起，力氣較大的弗栗多必勝無疑。伊路揚卡什只要讓身體維持在後方，從正面咬住弗栗多的頭，就有獲勝的機會。

康赫爾龍

▶▶ 出　處 ｜ 契蘭巴蘭的預言

▶▶ 流傳地區 ｜ 中美洲

▶▶ 棲息地 ｜ 不明

▶▶ 能　力 ｜

力量	9
防禦	6
生命	6
能力	6
智力	6
速度	8

▶▶ 體長比較 ｜

推估全長：15～20 m

世上也有戰士將天使視為邪惡的存在而與其作戰。天使是天界支柱，力量強大。原為風精靈的康赫爾龍，不僅可控制風，翅膀也讓牠具備卓越的移動速度。

插畫：月岡ケル

馬雅預言書中如龍一般的天使

康赫爾龍是馬雅預言書《契蘭巴蘭之書》（*Books of Chilam Balam*）當中，外觀描述為像龍一樣的天使。

康赫爾龍的名字「Canhel」其實就是龍的意思，也能夠用來表示神官手中所持有的龍形權棒。在馬雅語中，康赫爾也帶有天使的意涵，由於是風之精靈的象徵，代表牠正是龍型的風之天使。

根據預言書中的描述，在天地尚未成形之前，世界產生了八千顆上天所賜予的三角石（可能意指玉米粒），

這些恩典即為天使，而第三塊石頭上可以看見阿爾巴·康赫爾之名。當父神甦醒之後，便將具有「龍王」之意的奧康赫爾設定為風的名字之一。每當神祇現身，身邊必定都會帶著四隻紅、黑、黃、白色的康赫爾龍，牠們各自支撐東西南北四方。相傳名為塞爾皮努斯的康赫爾龍誕生之際，由於天與地尚未形成，因此祂是在父神的手中進行祝福儀式。

STRONG POINT

操縱風的力量

原為風之精靈，也就是風之天使，因此具備了控制風的能力，面對飛行的對手相當有利。

WEEK POINT

不易受風影響的對手

天使也有可能武裝，但樣貌不得而知；雖然有控制風的能力，卻不善於應付不怕強風的巨大對手和潛水的敵人。

COLUMN

馬雅神話和基督教聯手創造的龍族

《契蘭巴蘭之書》為馬雅預言家契蘭巴蘭的語錄，然而直到16世紀中葉，西班牙人征服馬雅人之後，這本書才創作完成，而當時基督教已經深入了馬雅人的日常生活中。其影響也表現在內容上，將康赫爾龍視為天使也是出於這個緣故。

在馬雅神話還有一位和魁札爾科亞特爾（P.78）相仿的風神「庫庫爾坎」（Kukulkan），和康赫爾龍都有跟隨父神的共同點，若將此稱呼視為康赫爾龍的別名，這個觀點不也是相當有趣嗎？

VS 龍之對戰

尼德霍格
（P.142）

闇

康赫爾龍擁有控制風的能力，因此能封住尼德霍格飛行，使其停留在地面。只要從空中迅速繞到背後抓住頭部，力量占優勢的康赫爾龍取得勝利簡直囊中取物。不過尼德霍格並非毫無勝算，只要靠強韌下顎將康赫爾龍抓住即可。關鍵就在於靜待機會，別盲目行動。

77

魁札爾科亞特爾

▶▶ 出　處　｜無

▶▶ 流傳地區｜中美洲

▶▶ 棲息地　｜森林

▶▶ 能　力　｜

力量		7
防禦		5
生命		7
能力		6
智力		7
速度		7

▶▶ 體長比較｜
推估全長：1km

把山夷為平地、在岩石留下手印，可見擁有相當的力量。其也是授予馬雅人文明的創造神，擁有卓越的生命力和智慧，背上的翅膀使其具備不錯的移動速度。

插畫：合間太郎

中美洲廣泛信仰的蛇神

魁札爾科亞特爾（Quetzalcoatl）為馬雅和阿茲特克等中美洲古代文明圈中信仰最為廣泛的神祇。魁札爾科亞特爾這個名字意為「有羽毛的蛇」，顧名思義，其形象看似一條蛇，有著和棲息在當地的鳳尾綠咬鵑一樣的綠色羽毛；有時也會以頭戴圓錐形帽子的人類形象現身。

魁札爾科亞特爾也被奉為帶來雨水的風神，以及帶來生命的金星之神，特別是在阿茲特克和馬雅文明後期的神話當中，魁札爾科亞特爾也被視為創造神之一，相傳祂敲打岩石就能留下手印，還能把山和森林夷為平地。

在神話中，諸神創造的世界在過去已經遭遇四次毀滅，現在為第五個世界。魁札爾科亞特爾從地下世界回收前一次滅亡的人類骸骨，並以此為基礎創造出新的人類，另外祂還把在深山裡發現的玉米粒帶回去，贈予人類作為糧食。除此之外，魁札爾科亞特爾也傳授人類生火的方法和語言，因而被視為帶來文明的神祇，在神官之間特別受到篤厚信仰。

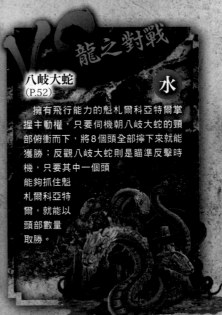

STRONG POINT
打凹岩石的力量

雖無從得知其具體強度，但是由於能在岩石表面留下手印，可見能產生相當大的力量。儘管沒有火焰或毒液等攻擊手段，但對近身戰相當拿手。

WEEK POINT
無

魁札爾科亞特爾沒有特別的弱點，不過根據與特斯卡特利波卡的故事來判斷，或許是因為身為善神的緣故，並不善於應付壞心眼的對象。

COLUMN

設陷遭驅逐的古文明之神

自古以來，在沒有大河流經的中美洲，蛇被奉為大地之神和雨神，魁札爾科亞特爾也早在公元前2到7世紀的特奧蒂瓦坎文明中備受信仰。到了公元7到12世紀的托爾特克文明，魁札爾科亞特爾信仰更盛極一時，後來托爾特克人遭到來自西方的阿茲特克人驅逐，阿茲特克文明中的特斯卡特利波卡信仰逐漸取而代之。在神話中，魁札爾科亞特爾被特斯卡特利波卡灌醉，以墮落為由遭到驅逐。據說祂在離開前預言自己日後一定會歸來。

VS 龍之對戰

八岐大蛇
(P.52)　　　　　　**水**

擁有飛行能力的魁札爾科亞特爾掌握卡動權，只要伺機朝八岐大蛇的頭部俯衝而下，將8個頭全部撐下來就能獲勝；反觀八岐大蛇則是瞄準反擊時機，只要其中一個頭能夠抓住魁札爾科亞特爾，就能以頭部數量取勝。

奧克尼海蛇

▶▶ 出　處 | 蘇格蘭民間故事與傳奇

▶▶ 流傳地區 | 奧克尼群島

▶▶ 棲息地 | 大海

▶▶ 能　力

力量	7
防禦	5
生命	5
能力	6
智力	5
速度	5

▶▶ 體長比較

推估全長：50～100m

這種海蛇的體型龐大，看起來比其他蠕蟲更為強壯。吐出的舌頭甚至能夠抓住城堡和船隻，擁有劇毒，戰鬥能力深不可測。

插畫：七片 藍

具備超凡力量的海蛇之王

蘇格蘭北部的奧克尼群島上，有一則大海蛇的傳說。人們稱呼這頭海蛇為「Mester stoor wyrm」，根據英國貴族所創作的《蘇格蘭民間故事與傳奇》的描述，「Mester」是「先生」（mister）或「主人」（master）的意思，可見這個怪物被視為海蛇中的老大。而蘇格蘭方言中的「Stoor」是「暴風雨」（storm）的意思，因此就字面上的意義來看，奧克尼海蛇為吞噬摧毀一切、象徵大海暴風雨的怪物之王。

傳說中，奧克尼海蛇的眼睛有如火紅的火焰，龐大的身軀足以遮蔽視野所見。相傳奧克尼海蛇還會從嘴裡吐出毒氣，能夠殺死地面所有動物，並使植物枯萎；牠還會利用舌尖分叉的長舌，擄獲城堡和船上行駛的船隻並拖至身邊，把其中的所有生物全數吞入肚內。相傳當地居民為了安撫這個可怕的怪物，必須每天獻上少女作為祭品。

STRONG POINT
長舌與硬齒

用前端分叉的長舌抓住獵物，拉近身邊吞進肚內。除了長舌頭之外，能輕鬆咬碎城堡和船隻等硬物的牙齒，也可說是強而有力的武器。

WEEK POINT
身體內側

在民間故事中，奧克尼海蛇最終是因為肝臟著火而慘遭燒死。看來無論多麼龐大結實的身體，面對來自體內的攻擊仍然不堪一擊。

COLUMN
舌頭拍打
形成海峽和島嶼

在民間故事中登場的英雄阿西帕特（Assipattle），便是利用奧克尼海蛇定期吞吐海水的習性將牠擊敗。

他將燒得火紅的炭火堆在船上，故意誘使海蛇吞進肚裡，趁機在體內放火燒掉其肝臟。據說海蛇承受不住燙傷而不斷翻滾，舌頭猛擊海面，結果形成在丹麥和斯堪地那維亞之間的斯卡格拉克海峽和卡特加特海峽，從嘴裡吐出的牙齒則變成奧克尼群島、昔得蘭群島和法羅群島。

VS 龍之對戰

堤豐
(P.70)

風

體型龐大的奧克尼海蛇在地面上難以躲避敵人的攻擊，因此選擇潛入海中，使用毒氣以及舌頭發動攻擊。在這種情勢下，堤豐將面臨嚴峻的苦戰，而勝負關鍵就在於能否誘使奧克尼海蛇離開海面。

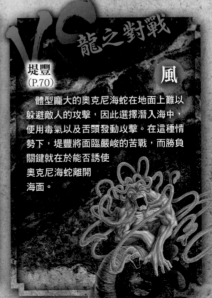

共工

▶▶ 出　處 ｜ 史記、淮南子等

▶▶ 流傳地區 ｜ 中國

▶▶ 棲息地 ｜ 不明

▶▶ 能　力 ｜

力　量	7
防　禦	5
生　命	5
能　力	6
智　力	5
速　度	6

▶▶ 體長比較

推估全長：7km

只是觸碰或是以頭部撞
擊，不周山就崩塌了，
可見力量非同小可。由
於能呼風喚雨，因此有
不錯的能力，龐大的體
型也讓牠在移動速度上
略占優勢。

插畫：池田正輝

忤逆聖王的中國神話反派擔當

據說在中國最古老的王朝——夏朝之前，中國是由傳說中的八位聖王所統治，共工就是這個遠古時代中為了爭奪帝位而現身的神祇。相傳祂頭顱似人，蓄著紅頭髮，身體像蛇一樣，卻擁有四肢，被視為帶來暴雨的洪水之神。

關於共工的登場時期歷來有諸多說法：根據《史記》的〈三皇本紀〉描述，共工曾在女媧統治時期與火神祝融相爭，因為無法取勝，最後氣用頭部撞倒不周山。《淮南子》的其中一篇〈天文訓〉則提到，共工與顓頊爭奪帝位時憤而推倒不周山。另外，《淮南子·兵略訓》也記載，共工因為引發水患，而遭顓頊殺害；〈本經訓〉則提出共工引發洪水的時期應為舜帝時代。從這些敘述可以看出，關於共工其實沒有一致的描述，但毫無疑問的是，祂對任何一位聖王來說都絕對是王權上的阻礙。

無論如何，撞倒不周山這件事導致共工被塑造為反派的形象，祂也曾和部下相柳聯手把世界鬧得天翻地覆。

STRONG POINT
摧毀大山的怪力

共工能以頭部擊垮支撐天空的不周山，可說力大無窮。若單純較量力氣，絕對不輸任何人。

WEEK POINT
無

由於沒有戰鬥方面的描述，無從得知共工輸給祝融的原因，也沒有針對弱點，例如不擅於應付哪些東西有明確的描述。

COLUMN
共工之名
也是氏族和官職之稱

前面提到的8位聖王又稱為三皇五帝，唐代補遺的〈三皇本紀〉中以伏羲、女媧、神農為三皇，而《史記·五帝本紀》則以黃帝、顓頊、譽、堯、舜為五帝。然而，五帝中的顓頊施行暴政，使得太陽、月亮與星星不再運行，人們陷入苦難。共工因為難以戰勝顓頊，憤怒之下將不周山撞倒，隨著天空傾斜，星星又開始運行。可知共工雖破壞了不周山，卻反而為百姓帶來幸福。

VS 龍之對戰

應龍
（P.120）　　　光

共工雖能引發洪水，卻無法對空中的應龍產生效果；此外，無法噴火的應龍，只能近身格鬥。在力量方面，應龍略勝一籌，加上尖牙和利爪，近身戰對應龍較為有利。另一方面，共工有著人類的手臂，只要緊貼在敵人身後，使用絞殺攻擊就有勝算。

Dragon Battle
龍之對戰

守護金蘋果的拉冬，和爭奪金蘋果的魁札爾科亞特爾，兩方展開激戰！
這場比賽的規則相當特殊，拉冬成功保護蘋果便獲勝，
蘋果遭搶奪則由魁札爾科亞特爾獲勝，且看最終拉冬能否不負使命!?

怪力無雙的阿茲特克創造神
魁札爾科亞特爾

阿茲特克的主神，名字意為「有羽毛的蛇」，外觀為半人半蛇，力量相當驚人，若用手掌擊打地面，能將山和森林夷為平地。除了掌控風雨，也擅長運用火焰，堪稱萬能型的龍神。

▶▶ 能　力　　　　　詳細參閱 P.78

能力	數值
力量	7
防禦	5
生命	7
能力	6
智力	7
速度	7

擁有上百顆頭的神祕守護者
拉冬

堤豐和厄客德娜之子，與刻耳柏洛斯和喀邁拉為手足，堪稱是頗有來頭的怪物。這條永不沉睡的蛇，負責保護作為結婚禮物送給宙斯和希拉的金蘋果樹。

▶▶ 能　力　　　　　詳細參閱 P.150

能力	數值
力量	7
防禦	6
生命	6
能力	5
智力	5
速度	5

插畫：合間太郎

仗著可怕的怪力
輕而易舉――扭斷脖子！

纏繞在金蘋果樹上的拉冬，和半人半蛇的魁札爾科亞特爾展開一場蘋果爭奪戰。魁札爾科亞特爾悄悄地走到樹前，抓住拉冬的頭，以引以為傲的怪力――將蛇頭扯斷；但是擁有不死之身的拉冬立即再生，蛇頭絲毫沒有減少。

DANGER!

不斷再生的頭

有一說認為拉冬是不死之身，想靠外部傷害殺死牠簡直是痴人說夢。

魁札爾科亞特爾雖以力量傲世
對拉冬的不死之力卻束手無策！

Quetzalcoatl

LIFE 70000/70000

Ladon

LIFE 60000/60000

手掌釋放業火
向拉冬發出襲擊！

蠻力造成傷口也能瞬間癒合，魁札爾科亞特爾只好從手掌噴射出灼熱的火焰，試圖燒死拉冬。拉冬噴水來抗衡，使得業火效果不彰，而蘋果依然高掛樹上。

DANGER

灼熱火焰

眾所皆知，魁札爾科亞特爾曾教人類用火，因此控制火焰對祂而言易如反掌。

火焰攻擊也巧妙抵擋！
拉冬的防禦堪稱銅牆鐵壁！

Quetzalcoatl

LIFE 70000/70000

Ladon

LIFE 60000/60000

判斷正面進攻不易
魁札爾科亞特爾下一步該怎麼做？

魁札爾科亞特爾放棄攻擊拉冬，改採其他策略。祂不疾不徐地敲打地面，沒想到引發一陣大地震；與此同時，暴風雨也席捲而來，樹木上下左右劇烈搖晃。金蘋果承受不住搖晃，從樹上掉了下來，魁札爾科亞特爾便迅速撿起蘋果，露出得意的笑容。

DANGER!

地震和暴風雨

身為創造神的魁札爾科亞特爾，不僅各方面都很擅長，招式也千變萬化，無論力量、技巧、魔力，都堪稱一流。

魁札爾科亞特爾
施展智謀
成功奪取金蘋果！

魁札爾科亞特爾獲勝！

LOSE

Quetzalcoatl

LIFE 70000/70000

Ladon

60000/60000

世界龍族小事典③

 格勞利

流傳地區▶法國梅斯鎮
出處▶不明

屈服於神的神力之下
黯然離開城市的龍

在西元3世紀左右，法國東北部的梅斯出現一頭有著翅膀和兩隻腳、名叫格勞利（Graoully）的龍，牠經常以孩童為食。當時梅斯的第一任主教克萊門特（Clement）出來主張，正是偶像崇拜才會招引惡龍，呼籲鎮上百姓改信基督教；隨後克萊門特便前往小鎮附近的圓形競技場，向龍發起挑戰。格勞利對克萊門特發動攻擊，最終仍屈服於十字架的突刺之下；據說牠被帶到東邊的塞耶河，被命令永遠不得回來而黯然離去。

梅斯的格勞利節遊行隊伍（19世紀版畫）

鎮上特別舉辦一場慶典，藉此紀念格勞利的離去，後來逐漸成為紙造龍模型的遊行活動。現在格勞利已然成為梅斯的象徵，鎮上公共設施的圖案也能看到牠的身影。

 皮拉圖斯峰的龍

流傳地區▶瑞士皮拉圖斯峰
出處▶無

瑞士陡峭奇境
世代相傳的龍之傳說

自古以來，瑞士皮拉圖斯峰有許多傳說，據信這裡棲息著有治癒能力的龍。1421年夏天，一條巨大的龍飛到皮拉圖斯，牠不知為何暈倒，最後掉落在一座農舍附近死亡。有位農夫來到現場，他發現凝固的血液和一塊龍石，這塊石頭在1509年被政府承認具治癒能力。

另外在15世紀，著名的歷史學家彼得曼・埃特林（Petermann Etterlin），編寫瑞士最古老的編年史《瑞士聯邦年代記》（Chronicle of the Swiss Confede-ration），當中便記載了有位名叫蘭德曼（Landman）的屠龍人事跡。書裡描寫龍張開嘴準備噴火時，蘭德曼用一把纏滿棘刺的長矛刺進龍嘴，再用劍給予致命一擊；然而龍的毒血卻滴到蘭德曼的手上，加上吐出的毒氣，導致他靜脈血液凍結而死。除了這則故事外，還有年輕人得到龍幫助的故事。有名年輕人在秋天進入山區，不小心掉進龍的巢穴。他自認在劫難逃，可是巢穴內的兩條龍發現他後卻無動於衷，人與龍一起度過嚴冬。不久春天來臨，其中一條龍先飛走了，另一條龍則向年輕人伸出尾巴，幫助他離開巢穴。

第四章
土屬性的龍

Fantasy Dragon Encyclopedia

翼龍

▶▶ 出　處	法國民間故事等
▶▶ 流傳地區	法國布雷斯地區、法蘭琪－康堤大區等
▶▶ 棲息地	洞窟、無人城堡等
▶▶ 能　力	

力　量	▉▉▉▉▉	5
防　禦	▉▉▉▉▉	5
生　命	▉▉▉▉▉▉▉	7
能　力	▉▉▉▉▉▉	6
智　力	▉▉▉	3
速　度	▉▉▉▉▉▉▉	7

▶ 體長比較

推估全長：2～3m

可能是不死之身，因此生命力極高，和寶石龍一樣具有傳染病，能力在一般水準之上；加上可在空中飛行，移動能力也相當不錯。

　插畫：合間太郎

額上鑲有寶鑽的有翼蛇

西方傳說中的龍，多半都會和寶藏有所連結，而翼龍（Wivre）更是其中最特別的一隻。

翼龍是有翅膀的蛇，前額中央鑲有一顆可以代替眼睛的鑽石。根據法國東部法蘭琪－康堤大區當地流傳的傳說描述，翼龍會在泉水旁飲水時拿掉這顆鑽石。儘管不知道翼龍是用何種方式摘下鑽石，但據說鑽石若遭到搶奪，牠很快就會在絕望中死去。由於從未有人見過失去鑽石的翼龍，因此也有人認為牠是不死之身。

位在法蘭琪－康堤大區南方的布雷斯地區，自古則相傳翼龍的脖子上戴著金環。與這則傳聞一同流傳於世的還包括奪取額上鑽石與金環的具體方法。據說只要事先準備好九捆乾草堆並堆在一起，若成功搶得寶藏，就要搶在翼龍追上之前迅速躲進草堆中。當翼龍看見草堆後，便會忘記被奪走的寶藏而開始大口吞食乾草，在八捆乾草吃完之後，牠就會因為肚子爆裂而死。

STRONG POINT
傳染病

額頭上的寶石是其特色，如果和寶石龍相較，這個寶石就是傳播傳染病的媒介；對人類來說，這便足以構成相當程度的威脅。

WEEK POINT
腦袋不好

光從吃掉乾草而死這一點來看，翼龍似乎不太聰明。智慧不高可說是其一大弱點。

COLUMN

翼龍的原型
寶石龍

翼龍過去在古法語中被稱為寶石龍（guivre），這個詞源於拉丁語中的毒蛇「vypera」。寶石龍的相關傳說中提到，牠雖然沒有翅膀，但頭上長角，呼出的氣息會散播致命的傳染病。雖然外表看起來很可怕，但牠討厭男人的裸體，只要看到就會害羞地逃走。也許正是基於這個特性，隨著時代變遷，翼龍逐漸以女性的形象出現在世人面前，進而和愛上人類的龍人妖精美露莘連繫在一起。

VS 龍之對戰

菲爾尼格修
(P.152)

闇

雙方皆不是噴火攻擊的龍，只能在近身戰中一決勝負。雖然能力旗鼓相當，但只要翼龍具備不死之身，菲爾尼格斯就沒有勝算。不過，如果智慧較高的菲爾尼格斯能注意到翼龍的寶石，並趁纏鬥中從額頭摘下的話，也有可能反敗為勝。

培冬

▶▶ 出　處	希臘神話、神話集等
▶▶ 流傳地區	希臘
▶▶ 棲息地	帕那索斯山
▶▶ 能　力	

▶ 體長比較

推估全長：200m

力 量	▬▬▬▬▬	5
防 禦	▬▬▬▬▬	5
生 命	▬▬▬▬▬	5
能 力	▬▬▬▬▬	5
智 力	▬▬▬▬▬▬▬	7
速 度	▬▬▬▬▬	5

曾獲賜神諭，因此具有相當高的智慧。雖為大地女神蓋婭之子，但沒有繼承到特別的特徵，其他能力一般。

　　插畫：夜鳥

獲賜神諭的龐然巨蟒

根據種類不同，長度近十公尺左右的蟒蛇，英語是以「python」一詞來表示，而這個單字便是源自希臘神話當中的龍神培冬（Python）。

根據古羅馬作家希吉努斯（Gaius Julius Hyginus）所著的《神話集》描述，培冬為蓋婭所生的神龍，祂曾在帕那索斯山山麓獲得神諭。

有一次，培冬獲得祂將會遭到勒托之子殺害的預言。勒托是泰坦神族的女神，此時她正身懷宙斯之子。培冬得到預言後便出發尋找勒托，另一方面，宙斯知道這個消息後，便命令風神阿涅摩伊將勒托帶往海神波塞頓處藏身。勒托躲在奧提伽島，在那裡產下了阿提米絲和阿波羅。

培冬找不到勒托，只好返回帕那索斯山，沒想到出生僅四天的阿波羅卻在此時出現在牠的面前，並用箭將牠射死。阿波羅在神殿裡設置鍋爐，將培冬的遺骨裝在裡頭，接著為培冬的葬禮舉辦競技會，據說這就是皮提亞競技大會的起源。

STRONG POINT
承自雙親的神力

培冬的具體強度不明。雖然形象是一條巨蟒，但是從出身來看，培冬也算是神的一員，應該也具備相應的力量。

WEEK POINT
缺乏主要神祇的力量

培冬沒有特別的弱點，可是卻被剛出生不久的阿波羅輕易擊倒，就這一點來看，牠不具備與主要神祇並駕齊驅的力量。

COLUMN

大地之母
蓋婭信仰的象徵？

培冬獲得神諭的地點，是最古老、最具權威的德爾菲神示所。這裡一般以阿波羅的神諭著稱，但最初其實屬於另一位神祇所有。在偽阿波羅多洛斯的《希臘神話》中，德爾斐神示所原為法律之神泰美斯所有，身為守護者的培冬在阻止來訪的阿波羅時遭到射殺。泰美斯是天空之神鳥拉諾斯和大地女神蓋婭的女兒，培冬遭阿波羅擊斃的神話，或許是蓋婭信仰為阿波羅信仰取代的一種表現方式。

VS 龍之對戰

法夫納
（P.140）

闇

法夫納擁有堅硬的鱗片，以利牙進攻效果並不佳，不過使用絞殺攻擊就沒有問題，只要能纏住對手，勝利便唾手可得。另一方面，法夫納還能使用毒氣攻擊，只要保持足以讓培冬吸入毒氣的距離，堅持到毒氣產生效果為止，法夫納就有勝算。

93

土

野槌

▶▶ 出　處 ｜ 沙石集、和漢三才圖會等

▶▶ 流傳地區 ｜ 日本

▶▶ 棲息地 ｜ 樹洞

▶▶ 能　力

力 量	5
防 禦	5
生 命	5
能 力	6
智 力	4
速 度	6

▶ 體長比較

推估全長：90 cm

總體來說野槌的素質相當平均，沒有特別突出之處，但是因為能製造劇毒，能力方面有不錯的表現。下坡速度比人類快，速度方面也略高於平均數值。

　　插畫：合間太郎

自古流傳的無眼鼻生物

日本自古以來也有不少奇妙生物的傳說，例如被視為龍或蛇的一員的野槌，名字早已出現在鎌倉時代的佛教故事集《沙石集》當中。

《沙石集》描述野槌是深山裡少見的巨大野獸，沒有眼睛和鼻子，也沒有手腳，只有一張吃人的血盆大口。一七一二年出版的百科全書《和漢三才圖會》，龍蛇的章節中便出現野槌蛇這個名稱。根據書中描述，野槌以深山的樹洞為居，大型的野槌體長約九十公分，體寬約十五公分，身體從頭到尾的粗細均勻，尾巴像沒有握柄的槌子般鈍粗，因而俗稱野槌。

野槌常見於吉野山山中的菜摘川和清明瀑布旁，會張開大嘴咬人的腳。若是往下坡逃跑，很快就會被迎頭趕上；往高處逃跑時，爬坡速度緩慢的野槌便追不上了。江戶時代的妖怪畫集《今昔畫圖續百鬼》，野槌被視為草木之靈；《又沙石集》也引用這個說法，形容野槌沒有眼睛和鼻子。事實上，野槌最初的詞源為「野靈」，也就是「野神」之意。

STRONG POINT
劇毒

如果像某些傳說描述確實擁有劇毒，就能成為有效的武器。因為沒有眼睛和鼻子，完全不怕刺眼的強光或吸入才能發揮效果的毒氣。

WEEK POINT
體型短小

大型的野槌身長約90公分，因此平均體型還會縮小一些。即使擁有劇毒，這樣的體型也根本不是人類的對手。

COLUMN
民間傳說中
野槌的孩子

岐阜縣、奈良縣、和歌山縣等地，流傳著不少有關野槌的傳說。傳說中關於野槌一直線滾動的特徵幾乎描述一致，儘管體型落在1尺5寸到3尺之間，但據說能一口吞下一隻鹿。有些故事認為牠對人類無害，但通常都會襲擊人類，其中也不乏「擁有劇毒」、「碰撞即死」等描述。日本還有一種著名的未確認生物，名叫「槌之子」，一般視為野槌的別名，但實際上卻是「野槌的孩子」的簡稱，兩者互為親子關係。

巴西利斯克
（P.166） 闇

雙方都身懷劇毒，即便行動遲鈍也不至於死亡。野槌擅長從高處滾下來發動突襲，如果出其不意，巴西利斯克很容易就會成為牠的餌食。若能成功閃避野槌最初的攻擊，接下來只須爬上岩石，使對手沉浸在毒氣中，就有可能擺脫牠的攻擊。

厄客德娜

▶▶ 出　處｜神譜、希臘神話等

▶▶ 流傳地區｜希臘

▶▶ 棲息地｜洞窟

▶▶ 能　力｜

力量	6
防禦	5
生命	7
能力	5
智力	5
速度	6

▶▶ 體長比較｜

推估全長：25m

會抓住受到迷惑的男性並一口吃掉，可見具備壓制對方的力量。和丈夫堤豐生下許多怪物，因此生命力非常旺盛。

　　　插畫：七片 藍

希臘諸多邪惡怪物之母

厄客德娜（Echidna）在希臘神話中生下眾多怪物，堪稱是著名的怪物之母。根據海希奧德的《神譜》所描述，巨人克律薩俄耳為海神波塞頓與美杜莎之子，而厄客德娜正是克律薩俄耳之女，換句話說，她也是波塞頓的孫女。

像精靈寧芙一樣美麗的上半身，堪稱是神之一族的證明，但下半身卻是長滿斑點的大蛇。眾神安排她居住在地底深處的洞窟內，以生肉為食。根據《神譜》的描述，「厄客德娜會從洞窟內露出上半身，將受到迷惑的男性吃掉」。此外，在偽阿波羅多洛斯的《希臘神話》，厄客德娜被視為是原初之神塔爾塔羅斯和大地女神蓋婭的女兒，和最巨大的怪物堤豐為兄妹關係。關於她的出身還有其他許多種說法，總之，厄客德娜後來成為堤豐的妻子，產下了無數怪物。如果沒有這些怪物，希臘神話的英雄故事便無法成立，就這層意義上來看，厄客德娜的存在十分關鍵。

STRONG POINT
迷惑男性的魅力

厄客德娜居住在洞窟裡，只露出上半身迷惑男性。若這種魅力是一種魔力，稱得上是一項相當可靠的武器。

WEEK POINT
平均水準的身體素質

即使具有迷惑人類的魅力，不過也可能對人類男性以外的目標沒有效果。因為身體能力並非特別突出，在大部分情況下會陷入苦戰。

COLUMN

怪物之母原為斯基泰人的女神？

希羅多德在他的著作《歷史》中，記載了以下故事。

相傳海克力士到訪斯基提亞，馬匹在他睡覺的時候消失不見了。有個上半身是女性，下半身是蛇的怪物，向海克力士提出和她交歡便還馬的條件。後來這個女怪物生下3個男孩，這個名為斯奎特斯（Scythes）的家族，後來成為斯基泰人的王室。假設這個怪物為厄客德娜的話，那麼厄客德娜很可能原本就是斯基泰人的女神。

法夫納
（P.140）

闇

倘若正面迎戰，體型占優勢的法夫納較為有利，然而法夫納本是喜歡美女的矮人族。姑且不論下半身，厄客德娜如精靈般美麗的上半身，極有可能令法夫納神魂顛倒。若戰術順利，厄客德娜不費吹灰之力就能取得勝利，當然這也是危險的賭注。

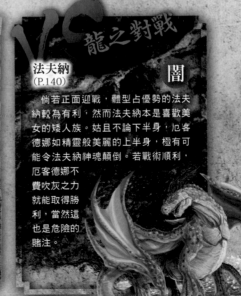

No.05 拉彌亞

土

▶▶ 出　處	歷史叢書等
▶▶ 流傳地區	希臘
▶▶ 棲息地	不明

▶▶ 能　力

力量	5
防禦	5
生命	5
能力	4
智力	5
速度	6

▶▶ 體長比較

推估全長：2～3m

原為人類女性，這裡從化身為怪物後的能力來觀察。智慧方面雖然變化不大，不過力量和速度等身體能力總體而言略有提升。

98　　插畫：月岡ケル

化身怪物的不幸女性

拉彌亞是在希臘神話中登場的女怪物，相傳她原本是人類，更是埃及國王柏羅斯的女兒。

拉彌亞一向以美貌著稱，她受到宙斯的寵愛並生下孩子，然而宙斯的妻子希拉得知這個消息後，對拉彌亞懷恨在心，設計讓她失去所有的孩子。有一說是希拉逼她親手殺死自己的孩子，也有的說法指出拉彌亞的孩子是直接遭到希拉殺害。無論何者為真，拉彌亞都因此陷入絕望，她開始瘋狂嫉妒其他看似幸福美滿的家庭，結果竟然化身成可怕怪物，到處殘殺並吞食孩子。

在故事中，希拉為了讓拉彌亞永遠無法擺脫失去孩子的悲傷，甚至剝奪她的睡眠，令她不斷目睹愛子被殺害的痛苦畫面。不忍目睹但也不敢拂逆的宙斯，賜予拉彌亞能夠將眼睛摘下的能力，才讓她得以休息。這個可憐的故事在希臘廣為人知，相傳希臘人便會以「拉彌亞要來了！」這句話，藉此嚇唬不聽話的孩子。

STRONG POINT
可像人類一樣使用工具

下半身為蛇的女性，並不具口吐火焰或毒氣的能力，但因為擁有人類的雙手，只要做好武裝，戰鬥能力就能提升。

WEEK POINT
怪物後段班的身體素質

雖然變成怪物，但拉彌亞本來就是手無縛雞之力的女性，如果是英雄級的強壯男子則另當別論，就算全副武裝，拉彌亞能對抗的對象也有限。

COLUMN

既定印象中的樣貌起源

在遊戲中，拉彌亞常被描繪成上半身為女性、下半身為蛇的形象。近年來，一般認為拉彌亞沒有其他形象，但事實上，神話中還記載著一種外觀不明確，但全身有鱗片覆蓋的四腳動物。當然，也有像英國詩人約翰・濟慈所著的《蕾米亞》一樣，以蛇的形象描寫的作品。另外，過去稱為利比亞的尼羅河以西地區，流傳一則關於上半身是女性、下半身為蛇的怪物故事，一般的拉彌亞形象也可能是以這些故事為基礎。

VS 龍之對戰

雙頭蛇
(P.162)

闇

拉彌亞準備粗棍棒，於射程最遠的位置持續噴出毒氣，企圖使雙頭蛇疲於應付。一旦雙頭蛇露出疲態，便引誘牠發動頭部攻擊，以棍子擊落之後，再給予頭部致命一擊；剩下的頭也用相同方式打敗，最後就能收下勝利。拉彌亞的下半身是蛇身，不易避開牠的毒氣攻擊，如果遭到毒氣侵襲就會有生命危機。

土
No.06

燭龍

> ▶▶ 出　處　｜山海經
> ▶▶ 流傳地區　｜中國
> ▶▶ 棲息地　｜鐘山山麓
> ▶▶ 能　力

力量	7
防禦	7
生命	7
能力	9
智力	5
速度	5

▶ 體長比較

推估全長：4000 km

體型超乎想像地龐大，
搭配相應的無窮力量，
同時還能夠掌控自然現
象，似乎也有不錯的生
命力。舉手投足都會造
成極大影響，能力相當
卓越。

　　插畫：合間太郎

主宰自然四季的巨大神祇

中國古代有一本名為《山海經》的書籍，雖然是一本地理書，但裡面卻介紹了各式各樣稀奇古怪的事物，其中就包括燭龍。

燭龍是居住在鍾山山腳下的山神，雖然有人類的頭部，身體卻是巨大的紅蛇，軀體長達千里。祂睜開眼睛就會形成白天，閉上眼睛則變成夜晚，吸氣會迎來夏天，吐氣則冬天降臨；燭龍平時不吃不喝也不呼吸，一旦呼吸就會起風──根據這些描述，我們可以認定燭龍正是掌管季節遞嬗和自然晝夜現象的神。

《山海經》還介紹與燭龍相似的章尾山之神燭九陰，同樣為人頭蛇身，睜眼便帶來光明，閉眼就會變暗，不吃東西也不呼吸。基於這些共同點，因此與燭龍視為同一尊神祇。除此之外，開天闢地的盤古為龍頭蛇身，但也具備眼睛與晝夜的連動性。

世上還有許多擁有相同力量的神，這正是受到人們重視與信仰的證明。從這點來看，燭龍可以說是一位偉大的神祇。

STRONG POINT
長達千里的龐大身軀

通常體型差距極大的對手，多半難以與之較量。龐大的身體本身就是一種武器，能夠抗衡的對手相當有限。

WEEK POINT
影響自然界的力量

基本上燭龍不會輕易移動。儘管掌控自然的力量非常強大，但正是因為會對世界造成巨大影響，所以不能輕易活動，這可說是燭龍的弱點。

COLUMN

水神共工的父親？

通過眼睛的開合來切換晝夜的燭龍，具備太陽神的性質，有些人便是基於這點，將燭龍和火神「祝融」相提共論。祝融在《史記》中是共工所挑戰的火神，《山海經》則描述祂生下共工。共工的形象為人頭蛇身，如果祝融即是燭龍的話，說兩者是親子關係也不為過。假設這個觀點正確，那麼共工和祝融之間的戰鬥，就等同是反抗父親的權威。儘管這在重視孝道的中國是不可能發生的事，但試著從這樣的觀點思考，也是欣賞神話的樂趣之一。

VS 龍之對戰

利維坦
(P.46)

水

燭龍的獲勝手段有兩種，一是在極寒的冬天用冷風將對手凍結，另一種是在灼熱的夏天加熱，使對手身體過熱。仍屬生物之身的利維坦，或許冷熱對牠仍可發揮一定的效果，但無法立即見效；倘若利維坦直接進行近身戰，將會變成一場艱苦的戰鬥。

鼓

▶▶ 出　處 ｜山海經

▶▶ 流傳地區 ｜中國

▶▶ 棲息地 ｜鐘山

▶▶ 能　力 ｜

儘管沒有具體情報，但曾殺害天神葆江，後遭黃帝誅殺而化為鴒鳥，在力量和能力方面略高於平均。

力量	6
防禦	5
生命	5
能力	6
智力	5
速度	5

▶▶ 體長 ｜

推估全長

5 km

遭黃帝誅殺的燭龍之子

前一段介紹的燭龍有個名叫鼓的孩子，根據《山海經》的《西山經》描述，鼓是人頭龍身的神，祂與名為欽鴉的神合謀，在崑崙山的南方殺害了天神葆江。黃帝得知這件事情後，便在鍾山東方將鼓與欽鴉同時誅殺，後來鼓便化為名叫鴒鳥的怪鳥。鴒鳥的外觀和鳶相似，頭部呈白色，身上帶有黃色的花紋，還有一雙紅色的腳。除此之外，鳥喙筆直，聲音像天鵝，每當牠一出現，村莊就會遭遇大乾旱。《山海經》的描述僅止於此，並沒有針對祂是掌管何事的神、為什麼殺害葆江等細節深入說明。順便一提，與鼓一同被殺的欽鴉，在死後也跟著化為名叫大鶚的凶鳥。

STRONG POINT
殺死也會化為其他形態

還有一種解釋，化為鴒鳥的並非鼓本身，而是祂的戾氣。不過鼓確實沒有完全消滅，即使死去，依然在尋找復仇的機會。

WEEK POINT
身為神祇卻不具力量

書中沒有鼓和黃帝作戰的記載，這表示即使鼓曾做出抵抗，過程也不值得一提。從這裡可以看出，鼓雖為神，卻不具備相應的力量。

VS 龍之對戰

八岐大蛇
(P.52)

水

鼓的體型恐怕逼近八岐大蛇的兩倍，因此想活用體型差距壓制，運用四肢一口氣定勝負。體型較為不利的八岐大蛇只要不斷撕咬，使其疼痛而發出哀嚎，就有可能取得勝利。

螭龍

▶▶出　處	漢書、和漢三才圖會等
▶▶流傳地區	中國
▶▶棲息地	山丘或湖澤等

▶▶能　力

沒有角的螭龍擁有呼風喚雨的神通力。另外，東方的龍基本上都具備飛行能力，因此能力和速度略高於一般水準。

力量	5
防禦	5
生命	5
能力	6
智力	5
速度	7

▶▶體長

推估全長
10m

家紋和寺廟紋章的原型小龍

　　螭龍雖然是中國的龍，但在傳入日本之後，反而成為了常見的家紋和寺廟紋章而廣為人知。最古老的漢字辭典《說文解字》當中，認為螭龍是一種黃色的龍或是沒有角的龍。而在史書《漢書・司馬相如傳》的注釋中，則保留紅色蛟龍、雌龍、龍之子等幾種記載。此外，其他文獻中也有山神、水精靈等說法，可見在中國似乎也沒有明確的定論。不過，一般認為螭龍是龍的幼體或類似蜥蜴的小龍，因此螭龍在日本又有「雨龍」之稱。江戶時代的《和漢三才圖會》則引用中國字典《文字集略》的內容，將其視為沒有角的紅、白、藍色的龍。

STRONG POINT
呼喚風雨的神通力

沒有角的螭龍仍具備召喚風雨的神通力，雖然基礎能力不算高，但應付以火焰為武器的對手反而對地較為有利。

WEEK POINT
近身戰視對手而定

螭龍沒有特別的弱點，但因基礎能力不高，所以一旦演變為雙方糾纏的近身戰，有些對手會顯得特別難以應付。

VS 龍之對戰

噴火龍
(P.18)

火

　　螭龍所召喚的風雨能阻礙噴火龍飛行，弱化火焰的效果，但噴火龍只要在近身戰中用腳壓制螭龍就能獲勝。螭龍若能用身體纏住對手，製造出攻擊頭部的機會，取得勝利就易如反掌。

土

腌肉龍

▶▶ 出 處　無

▶▶ 流傳地區　法國特華

▶▶ 棲息地　山

▶▶ 能 力

相傳腌肉龍是被不具騎士身分的聖盧用劍殺死，可見實力不強，整體能力差強人意。

力量	5
防禦	4
生命	4
能力	4
智力	4
速度	4

▶▶ 體長

推估全長

5～7m

以「醃肉」為名的龍

西元五世紀，位於法國北部的特華出現一條身體像蛇、背上長著蝙蝠翅膀，同時擁有兩條腿的龍。這頭專門殺害孩童的龍，最終遭到聖盧（Saint Loup）殺死，死後牠的肉被醃製處理，因此開始有Chair-salée（腌肉）之稱。打敗這頭惡龍的聖盧，同時也是為了保衛城市而與匈奴人阿提拉展開談判的傳說人物。後來雖然當地出現拖曳銅製龍像遊行的慶典，但這項慶典卻是從十六世紀才開始舉辦，因此也有人懷疑腌肉龍有可能是阿提拉等異教徒的象徵。順帶一提，這項慶典在一七二八年曾被當時的祭司下令禁止舉辦。

STRONG POINT
與凶猛野獸實力相當？

因為缺乏戰鬥細節，無法判斷實力高低，當中也沒有噴出毒氣或火焰的敘述，牠對人類的威脅可能相當於一頭凶殘的猛獸。

WEEK POINT
遭非騎士的祭司打敗

故事提到，聖盧在擔任聖職者之前曾在採石場工作，即便力氣過人也不擅長戰鬥。腌肉龍既然被這樣的外行人打敗，可見實力不過爾爾。

VS 龍之對戰

美露莘
(P.128)

光

外表是人類的美露莘和一般女性沒什麼兩樣，若能成功從空中朝頭部發動奇襲，一瞬間就能分出勝負。但是若遭美露莘識破，變身為龍迎敵的話，情況便另當別論，身材矮小的腌肉龍瞬間便會陷入危機。

鱗蟲

- ▶▶ 出處　丹麥傳說集
- ▶▶ 流傳地區　博恩霍爾姆島
- ▶▶ 棲息地　森林
- ▶▶ 能力

擁有殺死家畜的力量，具備槍彈無法穿透的防禦能力。由於輕便被人類包圍，可見移動速度不佳。

力量	5
防禦	7
生命	5
能力	5
智力	4
速度	5

▶▶ 體長

推估全長
10～15m

第四章

土屬性的龍—腌肉龍／鱗蟲

擁有多則傳說的大蛇龍族

在丹麥，有翅膀的四腳龍稱為drage，沒有翅膀和腳的大蛇型龍則稱為lindorm，鱗蟲便是屬於後者。鱗蟲擁有許多傳說，有些甚至與歷史事件密切關聯。在波羅的海的博恩霍爾姆島上，有支瑞典部隊遭到解放組織的襲擊而全軍覆沒，身在本國的部隊上校之妻決定為夫報仇。她將兩條龍的幼蟲托付給一位船長，委託他帶到博恩霍爾姆島。其中一隻安全送到島上，在樹林中長大後開始襲擊居民的家畜。不久後，有個男子發現這條龍，趕緊召集人手，將龍趕進森林裡，但眾人發現槍彈對噴火反擊的龍不管用，於是只得在森林裡放火，把龍活活燒死。

STRONG POINT
硬鱗和噴火

對於移動不快的鱗蟲來說，能噴火攻擊遠處的敵人有很大的幫助。既然不易躲過攻擊，那麼不怕槍彈的硬鱗就顯得相當可靠。

WEEK POINT
火焰

鱗蟲雖以火焰為武器，卻遭到森林大火燒死，可見即使有噴火能力，也不代表能抵抗火焰。

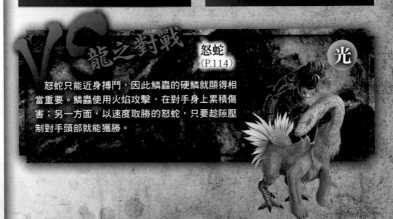

VS 龍之對戰

怒蛇
(P.114)

光

怒蛇只能近身搏鬥，因此鱗蟲的硬鱗就顯得相當重要。鱗蟲使用火焰攻擊，在對手身上累積傷害；另一方面，以速度取勝的怒蛇，只要趁隙壓制對手頭部就能獲勝。

Dragon Battle
龍之對戰

印度暴風弗栗多飛到燭龍的棲息地鍾山，大膽發起挑戰！
面對擁有無敵庇護的弗栗多，燭龍將如何應戰？
可操縱環境變化的兩頭巨龍，超自然的大戰一觸即發！

居於鍾山，職司自然現象的龍神
燭龍

雖然人頭蛇身的外觀相當詭異，卻是貨真價實的
龍神，其一舉一動都能引起各種自然現象。據說
身體長達四千多公里，纏繞於鍾山四周。

▶▶ 能　力 　　　　詳細參閱 P.100

能力	數值
力量	7
防禦	7
生命	7
能力	9
智力	5
速度	5

與雷神因陀羅難分勝負的大反派
弗栗多

掠奪水源、引發旱災，源自印度神話的惡龍。在
與因陀羅的戰爭中得到「不能使用乾溼物、樹
木、岩石及一般武器，也不會在白天或夜晚遭到
殺害」的庇護，幾乎是無敵之身。

▶▶ 能　力 　　　　詳細參閱 P.74

能力	數值
力量	8
防禦	8
生命	8
能力	7
智力	7
速度	6

　插畫：合間太郎

弗栗多先發制人！
灼熱的龍捲風向燭龍露出獠牙！

蔚藍的晴空下，弗栗多出現在鍾山上空，不久後，牠瞥見用長大身軀纏繞高山的燭龍，此時燭龍沒有任何反應。開始著急的弗栗多，不疾不徐地產生幾道龍捲風，試圖撕裂燭龍的身體，但是龍捲風只是微微擦過燭龍有如岩石般的身體表面，根本毫髮無傷。

DANGER!

龍捲風
弗栗多引發的灼熱龍捲風，不僅有如風刀，還會掠奪周遭水源。

盤據鍾山山體的燭龍　完全不動如山！

Zhú Yīn

LIFE 69300/70000

Vritra

LIFE 60000/60000

為驅趕礙事者
燭龍拋出巨石加以反擊！

> 忽然受到攻擊的燭龍慵懶地扭動身體，抬起
> 頭來試圖驅趕入侵者，祂開始以神通力拋出
> 滾落在鍾山上的無數巨石。然而弗栗多有
> 「不怕岩石」的庇護，祂的臉上不禁露出輕蔑
> 的微笑。巨石在弗栗多面前一一碎裂，無法
> 造成任何傷害。

庇護
弗栗多與因陀羅戰鬥時所獲得的
能力。受到眾神的力量保護，不
怕各種攻擊。

眾神庇護加持見效
飛落巨石完全無法傷及弗栗多！

Zhú Yīn

LIFE 69300/70000

Vritra

LIFE 60000/60000

Round 3

受到庇護的弗栗多
果真游刃有餘？

看見這不可思議的景象後，燭龍不禁
瞇起眼睛，周圍瞬間變成黃昏時分。
弗栗多的庇護效果只在白天和夜晚有
效，因此急忙回避，卻仍為時已晚。
不斷飛來的巨石直接擊中弗栗多的身
體，終於令牠不支倒地。

DANGER!

燭龍的眼睛

燭龍的眼睛能與晝夜連動，
睜眼為白天，閉眼為夜晚，
但沒人知道當閉上一隻眼睛
時會發生什麼情況。

燭龍操縱晝夜消除弗栗多的庇護之力，
以壓倒性的勝利結束戰鬥！

燭龍勝利!!

K.O.

Zhú Yīn

LIFE 69300/70000

Vritra

0/60000

世界龍族小事典④

金羊毛的守護龍

流傳地區▶希臘
出處▶希臘神話、變形記等

守衛金羊毛的不眠龍
在公主催眠下沉入夢鄉

希臘神話中的阿爾戈英雄，描述的是伊阿宋及其同伴搭乘阿爾戈號遠征的冒險故事，他們在愛俄爾卡斯國王的命令下，踏上尋找金羊毛的旅程。歷經千辛萬苦，一行人終於抵達科爾基斯，守護金羊毛的守護龍就在那裡等待他們。這條龍有著冠羽、三叉舌和鈎狀的獠牙，永不睡眠，伊阿宋等人對牠束手無策。此時愛上伊阿宋的公主美狄亞，利用藥草和咒語讓龍陷入沉睡，幫助伊阿宋順利取得金羊毛，最後兩人一同踏上歸途。

金羊毛的守護龍
和伊阿宋

以神話為題材的赤繪，描繪伊阿宋準備在美狄亞餵藥時取下金羊毛的情景。科爾基斯國王的兩道難題都在美狄亞的魔法下一一化解。

艾瑞斯的龍

流傳地區▶希臘
出處▶希臘神話、變形記等

戰神之龍
遭底比斯創建者斬殺

傳說中，古希臘城邦底比斯是腓尼基的泰爾國王之子卡德摩斯所創建，當時他曾和艾瑞斯的龍有一場戰鬥。這條龍的身體覆蓋著金色鱗片，額頭突起，下顎有3排牙齒和3片舌頭，眼睛能噴出火焰，身體因毒液而腫脹。卡德摩斯之所以和樣貌如此駭人的怪物戰鬥，全因為宙斯劫走他的妹妹歐羅巴所致。卡德摩斯奉父親之命搜尋歐羅巴的下落，在毫無線索的情況下來到德爾菲這個地方，這時上天傳來「放棄吧，跟著母牛走，

在母牛倒下的地方建設都市」的神諭，卡德摩斯便遵照神的指示去做，然而就在準備把母牛獻給神的過程中，前去取水的侍從卻全數遭倒戰神艾瑞斯之泉旁的龍所殺害，卡德摩斯決意替所有人報仇。卡德摩斯投出的巨石無法傷及惡龍分毫，因此改用長矛刺進龍的口中，成功將其殺死。

後來卡德摩斯在女神雅典娜建議下，把龍的牙齒撒在地面，結果出現許多全副武裝的地生人。地生人彼此互相殘殺，最終活下來的5個人成為卡德摩斯的隨從，眾人一同建造了底比斯。

第五章
光屬性的龍

Fantasy Dragon Encyclopedia

紅龍與白龍

▶▶ 出　處 ｜ 不列顛諸王史

▶▶ 流傳地區 ｜ 威爾斯

▶▶ 棲息地 ｜ 不明

▶▶ 能　力 ｜

力量		5
防禦		5
生命		5
能力		5
智力		5
速度		5

▶▶ 體長比較

推估全長：2～3m

兩條龍展開戰鬥，最終紅龍贏得勝利。二龍的能力不得而知，但紅龍比白龍更強壯，這點卻是毋庸置疑。

　插畫：池田正輝

紅與白，兩大民族的象徵

英國是由四個國家所組成，威爾斯正是其中之一，而紅龍與白龍即是威爾斯當地自古傳承的龍。紅龍在威爾斯語中叫作 Y Ddraig Goch，白龍則稱為 Gwiber（有翼蛇），兩條龍皆在《不列顛諸王史》這部杜撰的歷史書中登場。過去大不列顛島南部是由羅馬帝國和當地的凱爾特布立吞人攜手統治，但到了西元四世紀，逐漸衰微的羅馬帝國從大不列顛島上撤退，取而代之地，撒克遜人和盎格魯人等日耳曼民族開始移入，雙方為爭奪土地的支配權而爭執不下。

紅龍被視為凱爾特布立吞人，白龍則被視為外來侵略者（盎格魯人和撒克遜人）的象徵；正如同不同民族間紛擾不斷的鬥爭，兩條龍也展開激烈的戰鬥。凱爾特布立吞人和日耳曼民族之間的纏鬥，就在著名的亞瑟王崛起打敗侵略者後，由凱爾特布立吞人的勝利告終。紅龍和白龍的戰鬥也是如此，儘管起初白龍占據上風，但最終卻是由紅龍反敗為勝。

STRONG POINT
水神之力

根據文獻記載，象徵凱爾特布立吞人的紅龍其實是水神；儘管沒有詳細說明祂的能力，但就算有操縱水的能力也不足為奇。

WEEK POINT
紅龍

紅龍和白龍都沒有特定的弱點。由於傳說中白龍敗給了紅龍，因此紅龍勉強算是白龍的弱點。

VS 龍之對戰

聖喬治之龍
（P.146）　　　　闇

敵對的紅龍和白龍組成搭擋，向聖喬治之龍發動襲擊。紅龍與白龍幾乎天天都在戰鬥，對彼此的手段瞭若指掌，因此展現出完美的默契；聖喬治之龍逐漸被逼上絕路，最終兩條龍聯手取得勝利。

VS 龍之對戰

勇士佩特雷亞的茲梅烏
（P.164）　　　　闇

紅龍和白龍再次合作，向茲梅烏發起挑戰。身為龍族界頂尖策略家的茲梅烏，憑藉一個又一個的謊言成功離間紅龍和白龍；然而茲梅烏的戰鬥力略遜一籌，即使一對一也毫無勝算，於是趁兩條龍爭執不下時一溜煙逃走了。

怒蛇

▶▶ 出　處 ｜埃努瑪・埃利什

▶▶ 流傳地區 ｜伊拉克

▶▶ 棲息地 ｜中東

▶▶ 能　力

力　量	6
防　禦	6
生　命	6
能　力	5
智　力	5
速　度	9

▶ 體長比較

推估全長：5m

怒蛇是結合多種動物外表特徵的合成獸，因此擁有不錯的身體素質。有則逸聞提到牠載著眾神奔跑，可見擁有相當敏捷的速度。

插畫：合間太郎

怪物之身蛻變為神的聖獸

怒蛇是自古以來於中東地區流傳的龍，據說牠的頭部和軀幹像大蛇，眼睛上方長有兩根角，前腳像獅子，後腳像鷹，還有蠍子（一說是蛇）般的尾巴。

中東地區有相當多則神話描述怒神的事蹟，其中最著名的傳說，當屬記載巴比倫神話的創世史詩《埃努瑪・埃利什》。

在這個神話裡，怒蛇相傳是原初混沌時期海洋女神提阿瑪特，以及淡水之神阿勃祖所生，兩人之間雖然誕下

許多神祇，但不久後卻和諸多子嗣勢如水火。提阿瑪特為了對抗眾神組織號召的軍隊，便創造出包含怒蛇在內總共十一隻的怪物。儘管怒蛇與提阿瑪特並肩作戰，最終諸神的戰爭卻仍是由提阿瑪特的孫子、身為眾神軍隊領袖，同時也是巴比倫信仰主神的馬爾杜克贏得勝利。據說怒蛇在失去原本的主人之後，便轉而侍奉馬爾杜克為新的主人。

STRONG POINT
野獸的腳和尾巴

柔軟又強韌的獅子腿、巨大蠍子的尾巴，能夠甩出超強的猛力一擊。其他耐力不佳的龍若正面遭受攻擊，恐怕會受到極大的傷害。

WEEK POINT
無

關於怒蛇的文獻不多，因此能力方面有許多不明之處，雖然和STRONG POINT一樣只能用推測得知，不過似乎沒有明顯的弱點。

COLUMN

最古老的龍
亦是守護眾神的聖獸

怒蛇的起源非常古老，圖像甚至可追溯至公元前2500年以前。早期的怒蛇侍奉醫療神尼納祖，為埃什南納城邦的守護神；到了公元前2300年，當地改奉祀暴風神蒂斯帕克（Tishpak）後，怒蛇便轉而供奉新的主人。公元前1800年後，怒蛇輾轉侍奉馬爾杜克及其子魔術神納布（Nabu）等眾多神祇，也因此有了聖獸之稱。

VC 龍之對戰

六腳龍
（P.38）

水

怒蛇以敏捷的動作戲弄對手，一找到破綻便以蠍子尾巴攻擊，但六腳龍有硬殼防禦，無法輕易造成傷害。機動力較差的六腳龍放棄追趕怒蛇，於是盲目亂噴火焰，被火焰命中的怒蛇最終敗下陣來。

伊察姆納

▶▶ 出　處 ｜無

▶▶ 流傳地區 ｜猶加敦半島

▶▶ 棲息地 ｜猶加敦半島

▶▶ 能　力 ｜

力量	8
防禦	5
生命	8
能力	5
智力	8
速度	6

▶▶ 體長比較 ｜

推估全長：1,000km

伊察姆納對馬雅人來說
就是這個世界本身，擁
有非凡的體型和力量。
身為創造之神，具備卓
越的生命力，傳授人類
各種事物，擁有極高的
智慧。

　　　插畫：夜鳥

視同世界本身的馬雅人之神

美洲大陸古文明的馬雅文化當中，包括名字已經得到確認的神祇，總共有一百五十位以上，而伊察姆納就是其中信仰最廣泛的神祇。

伊察姆納是創造天地的創造神，除了向馬雅人傳授美洲非常重要的玉米和可可等糧食作物的種植方法外，也帶來文字、醫療和曆法等知識。伊察姆納的形象遍布各地遺蹟，有些將祂描繪成沒有牙齒的老人，有些則呈現雙頭蜥蜴或是蛇的形象。

伊察姆納的名字「Itzamna」，本身也有「蜥蜴之家」的意思，相傳祂既是創造神，也是世界本身，因為馬雅人認為這個世界其實是巨大的爬行動物的背部，而馬雅人正是住在龍背上的居民。伊察姆納之所以被描繪成蜥蜴的形象，也是出於這樣的觀點，因此在馬雅的象形文字中，朝上的蜥蜴頭是用來表示「誕生」的意思。

順帶一提，伊察姆納也具備豐收神和雨神的屬性，但基本上是善意的化身，與冥界的眾神對立。

STRONG POINT
視為世界本身的巨大身體

雖然沒有類似武器的東西，但身為具象化世界的伊察姆納，體型想必相當巨大，唯有體型相近的龍才足以成為祂的對手。

WEEK POINT
體型相近的凶殘對手

伊察姆納雖然巨大，卻並非具有攻擊性的軍神，若無法靠體型壓制對手，就會進展為艱苦的戰鬥。

COLUMN
蘊涵相反的兩個原理

馬雅人喜歡以有別於一柱神的兩元相悖觀點來看待事物，比方日與月、生與死。伊察姆納也不例外，相傳年輕樣貌的「Kinich Ahau」有可能就是伊察姆納白天的形象。當伊察姆納被描繪成雙頭蜥蜴時也是如此，祂的兩個頭分別面向東西方，東方代表日出、黎明之星和新生命，西方則代表日落、黃昏之星和死亡。另外，雙頭蛇的樣貌往往會描繪在天空上，表示星星的軌道。

VS 龍之對戰

堤豐 (P.70)　　　**風**

伊察姆納的巨大身軀遠勝於堤豐，只要巨大的腳、尾巴或嘴巴的攻擊能命中堤豐，伊察姆納勝利在握。堤豐只有爬到伊察姆納的背上，分別扭下兩個頭才有勝算，在這之前必須先承受伊察姆納另一個頭的反擊才行。

衣索比亞的飛龍

▶▶ 出　處	塞維利亞的聖依西多祿的《語源論》等
▶▶ 流傳地區	衣索比亞
▶▶ 棲息地	海岸的腹地

▶▶ 能　力

▶▶ 體長比較

推估全長：10m

力量	7
防禦	5
生命	5
能力	5
智力	5
速度	7

能夠身體纏繞房子並壓垮，可見力量相當大，其他沒有值得特別注意之處。能夠以翅膀在空中飛翔，想必移動相當迅速。

插畫：月岡ケル

以大象為主食的龍

在科學技術不發達的古早年代，旅行者所帶來的外地故事可說是寶貴的情報來源。在旅行者之間流傳的衣索比亞的飛龍，其生態外觀有別於一般的生物；相傳牠的全長約十公尺，棲息在靠近海岸的後方腹地，除了有一或兩對翅膀之外，沒人清楚其實際樣貌。不過，從牠原為巨蟒的描述來看，可見應該屬於身體細長的類型。

衣索比亞的飛龍以大象為主食，可是飛龍的棲息地相當乾燥，而大象並不會在乾旱的季節和地區現身。據說這頭飛龍會與同伴們糾纏在一起，形成一艘木筏，藉此渡過紅海前往阿拉伯半島。

除了這則傳說之外，在煉金術師之間也相傳飛龍的腦袋裡有一顆寶石，可是這顆名為龍之淚的寶石，假若沒有在龍的有生之年摘下來，就會永久失去它的價值。也因此，人們甚至研究出劑量足以麻痺飛龍的草藥配方，不過在此之前，如何找出飛龍的下落才是當務之急。

STRONG POINT
勒死大象的力量

就連大象都會不支倒下，可見勒住的力量相當驚人；若能接近纏住對手，只要對手力量不大，就能掌握戰鬥的主導權。

WEEK POINT
體型過於龐大的對手

衣索比亞的飛龍沒有特別的弱點，但牠除了絞殺以外，便沒有其他的攻擊手段，若是對付無法完全纏繞的巨大對手，或力量更大的同類型對手時，會顯得較為吃力。

COLUMN

前身為巨蟒？
絞殺大象的原型形象

在著名的古羅馬學者老普林尼所創作的《博物志》中，即有關於巨蟒和大象的描述，內容如下。「印度有一條巨大到足以纏住大象的大蛇（draco），雖然牠用身體打結，使大象動彈不得，卻被倒下的大象重量壓死」。中世紀初期的《詞源論》，提到拉丁語draco（龍）的詞源，也是以龍打結勒死大象作介紹。衣索比亞的飛龍就是以上述衣索比亞和印度的龍為基礎而成。

VC 龍之對戰

庫耶列布希
（P.40）

水

雙方皆非能噴出火焰或是毒氣的飛龍，因此以近身戰一決勝負。雖然庫耶列布希擁有堅硬的鱗片，但是對衣索比亞的飛龍的絞殺攻擊不構成妨礙。雙方得在近身纏鬥時決定勝負，要做到這一點，就必須從對手的側面進攻。若頭部不幸被庫耶列布希咬住，其強韌的下顎就會立刻咬碎骨頭。

應龍

▶▶ 出　處	山海經、本草綱目、和漢三才圖會等
▶▶ 流傳地區	中國
▶▶ 棲息地	不明

▶ 體長比較

推估全長：15km

▶▶ 能　力

力 量	9
防 禦	7
生 命	7
能 力	7
智 力	8
速 度	8

成為應龍需要 3000 年的時間，一旦進化完成便擁有呼風喚雨、往來於天地之間等神通力。由於是像神一般的存在，整體能力相當高。

插畫：合間太郎

輔佐諸位傳說聖王的有翼龍

中國有各式各樣關於龍的傳說，其中應龍便是為數不多的有翼龍。在記述神怪靈異、地理風俗的志怪小說集《述異記》中提到，應龍是龍生長的最後階段。在神話中，應龍是可以往來於天地之間的神龍，許多上古傳說中的帝王都曾受過祂的幫助，我們可以從最古老的地理書《山海經》和詩集《楚辭》看見這類敘述。

神話時代的八位聖王又被稱作「三皇五帝」，五帝之一的黃帝，在登基前曾發生一場大戰，據說黃帝此時便召喚應龍出來幫忙。應龍現身殺死巨人族的夸父和敵人的總指揮官蚩尤，在這場大戰立下大功。但不知何故，應龍無法回到天界，於是開始在中國南部生活，據說這就是南方多雨的由來。後來到了舜帝統治時期，應龍也為負責治水的禹提供協助，祂用尾巴開闢水路，成功完成這項偉大事業。禹憑藉這項功績，成為新的國君，開創中國最古老的王朝夏朝。神話時代就此落幕，從此展開人類的時代。

STRONG POINT
超越戰神的基礎能力

應龍沒有專用的武器，然而卻能戰勝號稱戰神的蚩尤，可見應龍的基礎能力都比對方高上一截。

WEEK POINT
無

找不出特別的弱點。有人認為，應龍無法返回天界的原因，是因為在戰鬥中消耗過多的精力，這顯示祂並非總是精力充沛。

COLUMN

傳入外邦
日本的應龍傳說

關於應龍的翅膀有「類似蝙蝠形狀」和「與猛禽類相近」兩種說法，中國明朝成書的《三才圖會》，也描繪成前腳的肘部附近長著類似蝙蝠的翅膀。以此書為依據，於江戶時代中期成書的《和漢三才圖會》，其中應龍是以沒有腳爪、全身覆鱗、龍頭猛禽的形象呈現，這和寺廟雕刻的飛龍形象如出一轍，想必大概是在哪個環節混淆了吧。現今可以在唐津文化節七號曳山（神轎）的新町飛龍確認其立體形狀。

VS 龍之對戰

虹蛇
（P.50）

水

應龍不但能飛，而且神通廣大，虹蛇引發的災害無法對祂產生任何效果，於是局面進入格鬥戰。雙方互咬攻擊，形勢對下顎強力的應龍較有利，但若被糾纏就會陷入危機。力量較大的應龍只要用四肢緊緊壓制虹蛇，便能阻止反擊而獲勝。

青龍

▶▶ 出　處　｜准南子、今昔物語集等

▶▶ 流傳地區　｜中國

▶▶ 棲息地　｜湖沼、大河等

▶▶ 能　力　｜

力量	8
防禦	6
生命	6
能力	6
智力	7
速度	7

▶▶ 體長比較

推估全長：13km

五行當中是將麒麟或黃龍安排在中央，黃龍有時也會被視為應龍。若將青龍視為僅次於應龍的神龍，那麼能力略遜一等看似較為合理。

　　插畫：夜鳥

象徵東方的守護靈獸

東亞一帶，自古以來就有聖獸守護東西南北四方的信仰，這些鎮守四方的聖獸被稱為四神，而青龍正是其中之一。

青龍也稱為蒼龍，與北方的玄武、西方的白虎、南方的朱雀並列，為守護東方的聖獸。在中國古代的天文學和占星術中，是把天球分割為二十八個區域，亦即二十八星宿。其中東方的七宿呈現龍形，便被視為守護神青龍的化身。另外，在中國傳統的五行思想（萬物由木、火、土、金、水等五種元素組成的思想體系），青龍屬於木行，象徵五個方位當中的東方、五色中的青色。因為是「守護青色東方的龍」，所以便稱為青龍，通常描繪成藍色身軀的龍，不過從古代出土陶器上的繪畫來看，也能看見頭部是白色或黃色的青龍。

順帶一提，青龍所代表的季節是春天，若是將人生比喻為四季，春天也是用來表示十五歲至二十九歲的代名詞，因此也就有「青春」這個詞。

STRONG POINT
整體突出的能力

儘管不如在神話中大顯身手的應龍，但既然是東方的守護者，應該也具備相應的力量。不錯的整體能力，就是其最大武器。

WEEK POINT
火行的對手

青龍在五行中屬木，根據相剋法則來看，若與火行的對手較量，就會陷入不利，恐怕火屬性的龍就是祂的剋星。

COLUMN
護衛聖德太子之靈前往中國

四神信仰也傳入日本，《今昔物語集》有關聖德太子的軼事裡就出現相關記載。據說聖德太子派小野妹子出使中國時，特別交代他前往衡山，將自己轉生前持有的《妙法蓮華經》帶回來。然而小野妹子帶回的卻是他的弟子抄寫的經書，於是，聖德太子的靈魂飛到衡山，將經書取了回來。隔年，小野妹子到中國拜訪衡山的老僧，老僧告訴他：「聖德太子曾坐著青龍的車，從東方的天空出現，從老房間裡取走一本經書」。

VS 龍之對戰

阿茲達哈卡
（P.154）

闇

若阿茲達哈卡能以魔術限制青龍的行動，就能取得絕對優勢，但具有神性的青龍可不會乖乖就範；不過，青龍的神通力也很有可能被阿茲達哈卡的魔術所阻撓。青龍在格鬥戰中占有優勢，然而若無法應付源源不絕的毒蟲，阿茲達哈卡也能握有一絲勝算。

龍王

▶ 出　處	妙法蓮華經、根本說一切有部律等
▶ 流傳地區	印度、中國
▶ 棲息地	須彌山等

▶ 能　力

力量	7
防禦	5
生命	6
能力	7
智力	7
速度	9

▶ 體長比較

推估全長：1,300km／人型：170cm

與擁有神通力的神相近的存在，整體能力相當卓越。相傳曾從須彌山飛到釋迦牟尼所在處，移動速度想必非常快。

　插畫：合間太郎

守護佛法的群龍之首

佛教信仰中的尊格（佛），可分為如來、菩薩等數種類型。而龍王便是隸屬天人（提婆）的群龍之王，其中以有力的難陀、優跋難陀兄弟為首的八王，被統稱為八大龍王。

龍王是具有神通力、可以變身為人類的巨龍，祂在聽了釋迦牟尼（喬達摩悉達多）的說法後皈依佛教，當時的情景在佛教經典《妙法蓮華經》中也有記載。不過，其實在佛教尚未創立之前，龍王早已和釋迦牟尼結下不解之緣。

傳說中，難陀和優跋難陀兄弟就曾在釋迦牟尼出生時現身，並降下溫水和冷水來祝福祂的誕生。此外，當目支鄰陀得知釋迦牟尼在菩提樹下進行冥想，遭逢七日七夜的暴風雨之際，於是便用身體和七個頭為釋迦牟尼遮風擋雨；經歷連日的風雨後，目支鄰陀便化為人類皈依佛教。如果在密教的經典當中依然可以看到這些與龍王相關的小故事，可見龍王是守護並忠實信奉佛教的存在。

STRONG POINT
武器天降的神通力

龍王具有可從天降下無數劍和矛等武器的能力。從高空直線落下的武器威力極大，是相當厲害的攻擊手段。

WEEK POINT
無

沒有明確的弱點。但是就常理來看，一般不會將無法對自己造成傷害的物品視為武器，因此會從天降下武器這一點說明了人類的武器也能產生殺傷力。

COLUMN

印度神話中的龍王

佛教的諸佛菩薩中也包括印度神話的眾神。當佛教傳入中國後，中國人用新的漢字為這些神佛命名，而印度神話的那伽則被視為龍；換言之，龍王即是那伽之王（Nagaraja）。印度會供奉庇護釋迦摩尼的目支鄰陀的神像，祂原本呈現多頭蛇的形象，但在中國的佛像中，多半和其他尊格一樣以人類形象呈現，不是身體纏繞龍，就是頭頂著龍，用以表示自己是龍的眷屬。

VS 龍之對戰

阿茲達哈卡
（P.154）
闇

苦雙方同時施展法術，能使用1000種法術的阿茲達哈卡比較有利，只要封鎖龍王移動，就能以強大的攻擊術法打敗祂。相反地，若是龍王突襲阿茲達哈卡，不讓祂有使用魔術的時間，就能在近身戰中打敗對手。至於從傷口中冒出的毒蟲，只須用神通力一網打盡即可。

吉弔

▶▶ 出　處	本草綱目、和漢三才圖會	
▶▶ 流傳地區	中國嶺南	
▶▶ 棲息地	水畔或樹木	
▶▶ 能　力		

力　量		4
防　禦		4
生　命		4
能　力		4
智　力		4
速　度		4

▶▶ 體長比較

推估全長：50cm

吉弔雖為龍之子，但是從未對人類構成威脅這點來看，只須將牠視為一種大烏龜即可。吉弔沒有特殊能力，整體能力偏低。

　　插畫：七片 藍

可入藥的傳說小龍

自古以來，中國就相當盛行草藥醫學，從動植物到礦物，各式各樣的天然產物都能作為藥材使用——就連龍也不例外，吉弔即是其中之一。

吉弔在中國古代也被記為「弔」或「吉吊」，十六世紀後期成書的本草書《本草綱目》記載，吉弔是一種擁有蛇頭、外觀類似鱷魚或中華鱉的生物，據說牠會像螞蟥一樣刺人，但沒有明確證據。而在其他文獻中，吉弔是出沒於嶺南一帶的蛇頭鱷身生物，棲息在水邊或樹上。傳說中龍會同時產下兩顆蛋，其中之一便會誕生出吉弔這頭小龍。江戶時代中期的《和漢三才圖會》中，也有嶺南的兩顆蛋之一誕生出吉弔的記載，並形容這是一種蛇頭烏龜的生物，棲息地以水邊和樹上為主。除此之外，似乎能從吉弔身上採集到弔脂或紫稍花等藥物，書中也記載這些藥物的功效以及具體的使用方法。

從這些內容來看，吉弔似乎和普通動物一樣，無論體型或能力，在在無法與偉大的龍相提並論。

STRONG POINT
無

無法噴出火焰或毒氣，也不能飛行，更沒有作為武器的特殊能力。不過，因為牠的身體有毒，最好別吃為妙。

WEEK POINT
體型短小

吉弔會被人類抓捕製成藥材。雖為龍族，體型卻遠遠比不上其他同族，甚至有可能遭到猛獸捕食。

COLUMN

從吉弔身上可以採集藥材？

前面提到，吉弔身上擁有許多可作為藥物的成分。弔脂可作為膏藥使用，對化膿、皮膚麻痺、內臟血液停滯等可發揮很好的療效；據說當耳朵失聰時，只要每天在耳朵內滴幾滴就能痊癒。不過把弔脂放入銅或陶等容器內會滲出揮發，所以必須先放入玻璃容器，再放進樟樹盒子內保存。

另外，紫稍花被認為是吉弔留在水邊的遺精，這種藥物對失禁等生殖器相關的病症有很好的療效。實際上，紫稍花是海綿乾燥後實際存在的藥物。

VS 龍之對戰

巴西利斯克
(P.166)

闇

同為具備毒性的小龍展開了一場較量！吉弔雖在體型上占有優勢，但巴西利斯克的毒性卻遠勝於牠。若毒性對雙方都沒有效果，就只能靠近身戰一決勝負，這對力量較大的吉弔較為有利。在雙方都中毒的情況下，巴西利斯克能忍受吉弔之毒，而吉弔無法承受巴西利斯克的猛毒，巴西利斯克終將勝利。

美露莘

▶▶ 出　處　美露莘物語等

▶▶ 流傳地區　法國

▶▶ 棲息地　泉水

▶▶ 能　力

力量	5
防禦	5
生命	5
能力	6
智力	7
速度	7

▶▶ 體長比較

推估全長：15m／人型：2m

身為妖精的美露莘擁有極高的智慧。和母親一樣，美露莘似乎也有詛咒的力量，能力方面有不錯的表現。能用翅膀飛行，移動也很迅速。

　插畫：合間太郎

打 破 約 定 而 化 身 為 龍

　　法國流傳一則與人類結合的龍人美露莘（Mélusine）的傳說。美露莘是一種女性妖精，屬於法國的有翼蛇翼龍，上半身是世間罕見的美女，下半身卻是蛇尾（或說是魚尾），並且長著一對對翅膀。

　　除了法國作家讓・達拉斯（Jean d'Arras）於一九三二年所著的《美露莘物語》，以及庫德雷特（Coudrette）於同年創作的《妖精美露莘傳說》之外，美露莘的傳說早在許久前便廣泛流傳民間，典型的故事內容如下。

　　有一名男性在泉水邊遇到貌美的美露莘，對她一見鍾情，隨即便向她求婚。美露莘則以每到星期六都不可以看自己的裸體為條件，接受了男人的求婚。兩人結婚後便一起生活，男人也一直遵守著這個約定。但或許是她的美貌使然，男人開始好奇美露莘究竟禮拜六都在做些什麼，最終忍不住違背約定，發現美露莘的下半身並非人類。美露莘發現丈夫打破約定後，便化為一條龍，從窗口飛走了。

STRONG POINT
詛咒之力

根據被母親詛咒的傳說來看，身為女兒的美露莘很可能也具備詛咒的力量。若身上的詛咒非常強烈，就能成為一項武器。

WEEK POINT
破壞約定的男性

或許是因為被施下變成龍的詛咒，以至於無法和人類一起生活。若此推測沒錯，那麼美露莘的願望就是以人類的身分生活。

COLUMN

詛咒源自母女間的糾葛？

　　美露莘的故鄉，是名為塞法羅尼亞（Cephalonia）的傳說之島。她的母親普蕾莘（Pressyne）與國王埃利納斯（Elinas）結婚，生下美露莘三姐妹，後來因違背約定而回到島上。三姐妹得知這件事後，逕自將埃利納斯王關進山中，因此受到深愛國王的普蕾莘詛咒。從此之後，美露莘的下半身每逢禮拜六就會變成蛇。凡是娶她為妻的人都不能看見這個景象，否則美露莘日後就會以有翼蛇的姿態生活下去。

VS 龍之對戰

加爾古尤
（P.48）
水

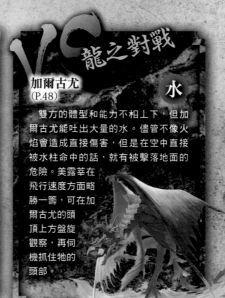

雙方的體型和能力不相上下，但加爾古尤能吐出大量的水。儘管不像火焰會造成直接傷害，但是在空中直接被水柱命中的話，就有被擊落命地面的危險。美露莘在飛行速度方面略勝一籌，可在加爾古尤的頭頂上方盤旋觀察，再伺機抓住牠的頭部。

Dragon Battle
龍之對戰

來自法國的美露莘，對上日本的龍族代表八岐大蛇。
美露莘原本的飛龍形象也非常龐大，
但是對手卻是比山還大的巨龍，正面交鋒毫無勝算。

變身為美女的友善之龍
美露莘

原為身長約15公尺的飛龍，但能變成半人半龍
或美麗的人類女性。雖懷抱希望與人類一起生活
的浪漫性格，卻有不得讓他人看穿真實面貌的詛
咒束縛。

▶▶ 能　力	詳細參閱 P.128
力　量	5
防　禦	5
生　命	5
能　力	6
智　力	7
速　度	7

VS

八頭和八條尾巴的巨龍
八岐大蛇

透過《古事記》所載的素盞嗚尊武勇傳說而聞
名，在日本擁有悠久歷史的龍。儘管詳細的戰鬥
能力不明，但只要以巨大的身軀蹂躪對手，大部
分的龍族都無法招架。

▶▶ 能　力	詳細參閱 P.52
力　量	7
防　禦	5
生　命	5
能　力	5
智　力	4
速　度	5

　插畫：合間太郎

Round 1
巨大的八個頭
向上抬起發動一陣猛攻！

才剛開戰，八岐大蛇的8個頭就像箭矢般不斷來襲！
只要稍微擦傷就有可能致命，因此美露莘只能採取守
勢，為了盡量減少對手攻擊的目標，於是變身為半人
半龍。八岐大蛇看見這個景象，動作稍微有些遲緩，
牠似乎是注意到美露莘的美貌。

DANGER!!

八個頭

像蛇一樣的8個頭，光
是不斷發動攻擊就足以
成為可怕的兇器。

不直擊的壓力戰術
首先消耗美露莘的精力！

Mélusine

LIFE 4600/5000

Yamata no Orochi

LIFE 50000/50000

使八岐大蛇無力作戰
美露莘的祕策

由於八岐大蛇的攻擊變得遲緩，使得美露莘有了喘息空間。她一邊防禦，一邊將八岐大蛇誘往設置許多木桶的地方。意識到正面進攻難以取勝的她，事先早已準備大量的葡萄酒。第一次聞到醇香酒氣的八岐大蛇，果然如預期般立刻撲向酒桶！

DANGER!

酒

無法抗拒酒並非八岐大蛇的專利，自古以來，美酒就是擾亂雄性理性的最強毒藥。

八岐大蛇放棄戰鬥
自顧自地豪飲起酒來！

Mélusine

Yamata no Orochi

LIFE 4400/5000

LIFE 50000/50000

Round 3

沉醉於美酒的八岐大蛇
在悅耳歌聲中酣眠入夢

眼見酒已經喝個精光，美露華決定
變成美女來結束這場戰鬥。思考能
力下降的八岐大蛇果然被她的美貌
迷倒，完全喪失鬥志。美露華哼著
搖籃曲，溫柔撫摸八岐大蛇的頭，
使牠瞬間墜入夢鄉。

DANGER!

美女

和酒一樣，美女也會擾亂雄性的
理智，很少有人能同時抵抗這兩
種誘惑。

鼎鼎大名的八岐大蛇
再度敗在美酒和美女的手中！

美露華勝利！

Mélusine

SLEEP... no Orochi

LIFE 4400/5000

LIFE 50000/50000

世界龍族小事典⑤

格蘭古爾

流傳地區▶法國普瓦捷城街道
出處▶不明

上帝所創造的
最強大怪物

　　法國境內有許多城鎮都會舉辦紀念屠龍傳說的活動，位於西部的城鎮普瓦捷也是其中之一，這裡自古便流傳一則龍之傳說，而這頭龍名為格蘭古爾（Grand' Goule）。傳說約在西元6世紀，格蘭古爾以城鎮東方的巴生河附近的洞窟或河底為居，不時抓走普瓦捷的居民果腹，據說牠甚至闖進當地博物館的前身——聖十字修道院的地下室，並吃掉這裡的修女。格蘭古爾的名字「Goule」，在法語中是

「喉嚨」的意思，換言之，這個詞描述牠是一條擁有血盆大口的龍；從這個命名來看，可見當時一定有不少犧牲者。據說這條龍是由圖林根公主聖拉德貢德擊退。她用十字架保護自己，灑聖水祈禱，惡龍承受難以忍受神聖力量造成的劇痛，最終消失不見。後來當地居民為了讚美聖拉德貢德的善舉，便在城鎮的東邊修建拉德貢德教堂，並打造格蘭古爾的木雕，舉辦遊行慶典活動。如今龍已成為這座城鎮的象徵，聖十字博物館至今依然保存17世紀中期和19世紀製作的木雕。

翼蛇

流傳地區▶英國
出處▶不明

出現在英國的
膽小龍

　　翼蛇（Amphiptere）一詞是「兩翼」的意思，代表牠是有翅膀的蠕蟲型龍。翼蛇有著蛇的身體，蝙蝠般的翅膀，兩片舌頭其中之一像箭頭的形狀。另外有一種說法則認為，翼蛇身帶綠黃色的羽毛，尾巴尖端呈箭頭形狀。基本上無論是哪一種觀點，都認為翼蛇沒有腳，不過也有極少數意見持不同看法。1696年出現在艾塞克斯郡漢納姆的翼蛇長約3公尺，身體和成年男性的腿一樣粗，但牠在沒有襲擊任何人的情況下，被村民圍堵扔石頭後，就嚇得驚慌而逃了。

Amphiptere by Edward Topsell（1608）
艾德華·托澤爾繪製的翼蛇

儘管有許多幅描繪翼蛇的畫，但一般翅膀多半不像蝙蝠。有些翼蛇的翅膀像鳥，有些則像飛蛾的鱗翅，外觀五花八門。

第六章
闇屬性的龍

Fantasy Dragon Encyclopedia

闇 No.01

法夫納

▶▶ 出　處｜北歐神話

▶▶ 流傳地區｜北歐／德國

▶▶ 棲息地｜洞窟

▶▶ 能　力

力量	6
防禦	7
生命	5
能力	5
智力	7
速度	5

身體大部分都覆蓋著堅硬的鱗片，耐力可說相當高。另外，因為是受到詛咒而變成龍的矮人族青年，所以應該具備相當高的智慧。

▶▶ 體長比較

推估全長：30～50m

插畫：合間太郎

龍形身軀比財寶更具價值

法夫納（Fafnir）經常出現在現代的奇幻創作當中，可以說是非常有名的惡龍。法夫納最早出現在《埃達》和《沃爾松格傳說》等擁有相同起源的北歐傳說當中，牠與屠龍者齊格飛（或稱齊格弗里德）展開激烈的戰鬥並敗在後者的劍下。法夫納的外表會因流傳地域或傳說內容而略有不同，但基本上多被描述為巨大的四腳爬行動物，抑或具備四肢的巨蟒。

法夫納生活在遠離荒野的洞窟內，負責守護埋藏在洞窟內的大量財寶，據說成功消滅法夫納的勇者，不僅能獲得這批財寶，還能夠得到特別的力量。例如，喝下法夫納的血，就能與動物對話；吃掉牠的心臟，就可以獲得許多知識。

此外，故事還傳說到，若是沐浴在法夫納的血水中，皮膚也會產生變化，能使身體變得像鋼鐵一樣堅硬無比。實際上，打敗法夫納並沐浴龍血的齊格飛，從此之後便擁有不畏刀劍或弓箭等物理攻擊的無敵肉體。

STRONG POINT
硬鱗和毒氣

全身覆蓋堅硬鱗片，物理攻擊幾乎沒有效果，而且還具備從口中吐出體內產生的毒氣等強力的攻擊手段。

WEEK POINT
沒有鱗片覆蓋的腹部

腹部是法夫納的弱點。沒有硬鱗覆蓋的腹部非常柔軟，若被鋒利的刀具刺入，一擊即可致命。

COLUMN

受財寶詛咒
人生劇變的男性矮人

法夫納並非生來就是龍，牠原本是矮人族的魔法師。當法夫納尚為矮人族的青年時，其中一個弟弟遭到惡作劇之神洛基所殺，法夫納的父親憤怒地向洛基索要賠償，洛基則從其他矮人族手裡搶走寶藏，並將寶藏交給法夫納的父親。然而，這些寶藏實際上受到詛咒，因詛咒而瘋狂的法夫納為了奪據財寶，將父親殺害，而他也用魔法把自己變成龍，從此盤踞在洞窟內守衛這批寶藏。

VS 龍之對戰

裴魯達
（P.20）

火

若毒氣沒有效果，法夫納就必須利用近身戰才能給對手致命一擊；可是裴魯達的背上有尖銳的毒針，大意接近反而有可能暴露腹部這個弱點。避開毒針同時給予決定性的一擊，將成為法夫納致勝的關鍵。

尼德霍格

▶▶ 出　處	北歐神話
▶▶ 流傳地區	歐洲
▶▶ 棲息地	赫瓦格密爾之泉
▶▶ 能　力	

▶▶ 體長比較

推估全長：30～50m

力　量	5
防　禦	5
生　命	7
能　力	5
智　力	5
速　度	5

儘管沒有長生不老的描述，卻能在北歐神話的諸神黃昏中倖存下來，可見尼德霍格應該具備卓越的生命力。

142　　插畫：池田正輝

企圖摧毀世界的萬惡之龍

在北歐神話的體系當中，包括人類所生存世界在內的所有世界，都是由世界之樹的枝幹和樹葉衍生構成，而根部同樣也深入各個世界。有頭名叫尼德霍格（Nidhogg）的龍，便是盤踞棲息在世界之樹的根部，據說牠的外表就像一條長著翅膀、全身漆黑的大蛇。

尼德霍格住在寒冷的霧之國尼福爾海姆的不竭之泉赫瓦格密爾旁，牠帶領許多蛇，一同啃食著世界之樹延伸到此處的根部。眾蛇試圖透過破壞世界之樹的根部來摧毀世界，最終卻未能實現。

不過，也有些故事認為尼德霍格其實是住在死者世界納斯特隆德的城堡內，或是棲息在有毒的河流中，以吸食死者的血液維生。基於這些邪惡的行為，尼德霍格因此得到「撕碎屍體者」、「噬人的可怕野獸」、「邪惡的截肢者」等稱呼。

STRONG POINT
堅韌的下顎

尼德霍格啃咬世界之樹的根，可見強大的咬力足以撼動世界根基。牠還擁有大量蛇群追隨，也算是一大優勢。若以小型的龍為對手，這些手下就是最值得信賴的夥伴。

WEEK POINT
腦袋不太靈光？

在命運女神的照料之下，世界之樹一直保持在健康狀態。事實上，不管尼德霍格啃食多少樹根，世界也不會因此毀滅。

COLUMN

於最終戰役存活
展現驚人的生命力

北歐神話的結局是諸神和巨人軍隊引發最終戰役諸神黃昏，世界的一切隨之毀滅。最高神奧丁、最強的戰神雷神索爾，大部分主要神祇都在這場戰鬥中失去生命。詩體埃達首篇《巫女的預言》描寫諸神黃昏結束後的世界，提到尼德霍格是如何在這場戰爭中存活——牠後來出現在地下世界的黑暗山脈（Niðafjöll），負責運送死者到重生的世界。

VS 龍之對戰

加爾古尤
（P.48）

水

加爾古尤能夠排出大量積存在體內的水，從而引發海嘯，但是尼德霍格可憑藉飛行能力輕易避開攻擊。不過尼德霍格也對加爾古尤的硬殼束手無策，除非使露出甲殼外的頭部和四肢受到致命打擊，否則尼德霍格難以獲勝。

啟示錄的紅龍

▷▷ 出　處｜啟示錄

▷▷ 流傳地區｜以色列

▷▷ 棲息地｜無

▷▷ 能　力｜

力量	7
防禦	7
生命	7
能力	5
智力	6
速度	5

▷▷ 體長比較｜

推估全長：10㎞

體型非常龐大，加上有7個頭，應該具備不錯的攻擊力和耐力；曾短暫統治過人類世界，想必智慧也不差。

144　　插畫：合間太郎

撒旦真身的聖經邪龍

啟示錄的紅龍，出現在基督教經典《新約聖經》所收錄的最後一篇作品《啟示錄》當中。龍在基督信仰中往往被視為邪惡的象徵，而這頭紅龍正是與上帝敵對的邪惡存在──撒旦的具象化身。

這頭巨大紅龍的身體有如熊熊燃燒的火焰一般通紅，龐大的身軀上長著7個戴著冠冕的頭，每個頭上都有一或兩根角，總計有十根。此外還擁有一對翅膀。雖然《啟示錄》針對外觀的描述非常詳盡，但是具體能力為何卻依然不甚明瞭。

紅龍在《啟示錄》的末日預言中雖然展現出可怕的力量，比如「吐出大量的水沖垮人類一切文明」、「甩動尾巴，即可將天上三分之一的星星擊落地面」、「從嘴裡召喚惡靈」等，但是具體能力毫無所悉。雖說時間短暫，但紅龍的確曾一度征服人類的世界，許多人膜拜紅龍並接受其印記，可見力量確實相當強大。

STRONG POINT
直達天際的巨大身體

用尾巴將無數的星星拍落地面，足見龐大身軀的強力一擊非比尋常。紅龍也具備召喚啟示錄中的野獸或惡靈等特殊能力。

WEEK POINT
無

與天使的戰鬥中被擊敗，可見其戰鬥力似乎不及上帝及其手下；不過若是以龍為對手，基本上不會落居下風。

COLUMN
一度遭到封印
但總有一天會復活？

啟示錄的紅龍首度出現在《啟示錄》的中段，牠想對聖母瑪莉亞和她肚子裡的耶穌基督不利，可是中途就被大天使米迦勒阻擾，被打落到人類世界。不久後，紅龍召喚出啟示錄中的野獸，進而統治世界，讓人類崇拜自己；這個行為觸怒了上帝，祂將紅龍封印在無底深淵中。根據《啟示錄》，這個封印將在一千年後解除，紅龍將會再次現身地上世界。

VS 龍之對戰

八岐大蛇
(P.52)

水

從體型來看，紅龍擁有壓倒性的優勢，若是不耍花招，採正面對決，八岐大蛇不容易從紅龍手上取得勝利。不過八岐大蛇有多個頭，若能活用數量優勢也還有勝算。只要盡快消除對手的頭部數量，減少其攻擊手段，就有可能反敗為勝。

145

聖喬治之龍

▶▶ 出　處 ｜ 黃金傳說

▶▶ 流傳地區 ｜ 利比亞

▶▶ 棲息地 ｜ 席雷

▶▶ 能　力

力　量	▅▅▅▅▅▅▅	4
防　禦	▅▅▅▅▅▅▅	4
生　命	▅▅▅▅▅▅▅	4
能　力	▅▅▅▅▅▅▅	6
智　力	▅▅▅▅▅▅▅	5
速　度	▅▅▅▅▅▅▅	5

▶ 體長比較

推估全長：10～15m

雖然有毒氣這項強力武器，但是身為人類的聖喬治卻依舊輕易將牠擊退，可見防禦力和生命力不佳。

插畫：夜鳥

散布毒氣的基督教惡龍

相傳這條惡龍棲息在北非利比亞的小國席雷（Silene），其形象因流傳地域而異。活躍於在中世紀末與文藝復興初期的義大利畫家保羅・烏切洛（Paolo Uccello），在其以龍為主題的繪畫作品中，聖喬治之龍被描繪成擁有兩隻腳以及巨大的翅膀（帶環狀的花紋），乍看之下有如黃綠色的巨型蜥蜴。雖然牠在這幅畫裡的體型看起來和人類相差不遠，但傳說裡卻有著「其屍體要用八頭牛拖曳」的描述，可見其體型非比尋常。

光是體型龐大這點就已足以構成威脅，但人們最害怕的，還是龍從嘴裡吐出的毒氣。這種危險的毒氣會引發致命的傳染病，因此席雷的國王必須每天獻上兩隻羊作為祭品，藉以平息龍的怒氣。後來有位騎士挺身而出，他以眾人改宗基督為條件，最終成功將龍殺死，這位騎士就是後來被奉為基督教聖徒的聖喬治。席雷居民在他的協助下，終於擺脫長期受惡龍脅迫的陰影。

STRONG POINT
體內產生的毒素

據說這條龍吐出的毒氣會引發傳染病，對人類來說是非常可怕的武器，但不確定是否對其他的龍有效。

WEEK POINT
沒有弱點，但防禦不佳

聖喬治使用劍和長矛消滅這條龍。因為人類的武器就足以造成傷害，可見牠的防禦能力不佳。

龍之對戰

噴火龍 (P.18) **火**

兩頭有翅膀的飛龍展開對決，假設雙方的體型相同，力量和機動力相去不遠，若是聖喬治之龍吐出的毒氣可發揮作用，很快就能分出勝負，否則在雙方都缺乏關鍵一擊的情況下，預計將演變成一場拉鋸戰。

龍之對戰

阿斯普 (P.156) **闇**

阿斯普的體型和蛇差不多，不過和聖喬治之龍一樣懷有劇毒，加上阿斯普只需透過眼神交會就能殺死對方，若能靠這個方法毒殺龍，那麼聖喬治之龍便毫無勝算。

147

聖瑪格麗特之龍

▶▶ 出　處　｜黃金傳說

▶▶ 流傳地區｜義大利

▶▶ 棲息地　｜希臘

▶▶ 能　力

除了吞下聖瑪格麗特，幾乎沒有其他資訊，無從得知詳細情報，推測能力應該和一般的龍差不多。

力量	5
防禦	5
生命	5
能力	5
智力	5
速度	5

▶▶ 體長

推估全長
5～10m

吞噬基督聖徒的龍

十三世紀末義大利修道士集結編成的《黃金傳說》，收集了許多有關基督教聖徒的故事，而這頭惡龍便是在這本聖人集中登場。然而，除了吞噬聖瑪格麗特、隨後遭到殺死之外，其他情報都不得而知。起初，派赴希臘城市安條克任職的羅馬長官將這條龍關在牢房裡，這位長官向瑪格麗特求婚，卻遭到拒絕，他為了報復而將瑪格麗特關進龍的牢房內。惡龍發現瑪格麗特後便一口將她吞進肚裡，但是聖瑪格麗特在龍的肚內全神貫注向上帝祈禱，這時奇蹟發生，龍的肚子忽然裂開，瑪格麗特也重獲自由。由於從龍的體內毫髮無傷地生還，瑪格麗特也因此被推崇為孕婦的守護者。

STRONG POINT
龐大身軀

雖然不清楚具體大小，但能將瑪格麗特完全吞進肚裡，推測應該有一定程度的體型。龐大的身軀即為相當出色的武器。

WEEK POINT
無

嚴格來說，這條龍是被聽見瑪格麗特祈禱的上帝所殺害，若以人類或龍為對手的話，可以說沒有弱點。

VS 龍之對戰

飛龍
(P.68)

風

假使聖瑪格麗特之龍不具備飛行能力，那麼能夠從頭頂這個死角發動攻擊的飛龍，相對占據優勢。聖瑪格麗特之龍該如何把空中的飛龍擊落地面，這將成為勝負的關鍵。

聖達尼爾之龍

▶▶ 出 處 | 比勒與大龍
▶▶ 流傳地區 | 伊拉克
▶▶ 棲息地 | 巴比倫尼亞

▶▶ 能 力

達尼爾雖為聖人，卻不是戰士。這條龍能輕易被平凡人類殺死，可見其基本能力不佳；從外表來看也是如此，能力也近似普通的蛇。

力量	4
防禦	4
生命	4
能力	4
智力	3
速度	4

▶▶ 體長

推估全長
5～10m

假神之名受膜拜的龍

這頭記錄在不被基督教認可的次經《比勒與大龍》中的無名之龍（或蛇），也有人根據牠的外觀，視為沒有翅膀的蛇。據經書中記載，這條龍生活在巴比倫尼亞的神殿裡，國王和百姓將牠奉為神祇膜拜。達尼爾雖然身為國王親信，但他同時也是虔誠的基督徒，因此對龍的崇拜持反對意見。他提議

如果自己能成功殺死龍，國人就得皈依基督教。達尼爾將樹脂、脂肪和毛髮混合在一起，製作成糰子送到龍的口中，龍在吃下糰子後，身體隨即爆裂而死，這令國王意識到龍不過是虛假的神，從此以後便開始信奉耶穌。

STRONG POINT

無

沒有吐出毒素或是火焰等描述，雖然具有一定的體型，但在龍族當中屬於小型的龍，可以說是沒有特別的武器。

WEEK POINT

無法在空中飛行？

外觀和蛇差不多，應該沒有翅膀。兩條龍戰鬥時，不具飛行能力可能會變成一種弱點。

VS 龍之對戰

清姬 (P.26)

儘管體型差距不大，但清姬擁有火焰氣息這項強大的武器，勝負的關鍵就在於能否封鎖這項武器。如果聖達尼爾之龍能在清姬噴火之前縮短距離，緊貼對手纏鬥，就能有幾分勝算。

火

拉冬

▶▶ 出　處	希臘神話
▶▶ 流傳地區	愛琴海
▶▶ 棲息地	世界的盡頭

▶▶ 能　力

力量	7
防禦	6
生命	6
能力	5
智力	5
速度	5

▶▶ 體長比較

推估全長：100m

連殺死九頭蛇的希臘神話英雄海力克士都畏懼三分，可見其戰鬥力應該相當出色，龐大的體型也讓牠具備一定程度的力量。

插畫：合間太郎

護衛黃金蘋果的百頭巨龍

拉冬是在希臘神話中登場的巨大多頭蛇，與九頭蛇、地獄三頭犬刻耳柏洛斯等其他著名的怪物一樣，拉冬也被認為是堤豐和厄客德娜所生。

在希臘神話中，據說當主神宙斯和女神希拉結婚時，大地女神蓋婭贈予祂們金蘋果，作為這段婚姻的賀禮，之後，金蘋果被移至位於赫斯珀里得斯花園的希拉果園，由赫斯珀里得斯的仙女和拉冬負責守護。

這個擁有一百顆頭的怪物，幾乎徹夜不眠，無時無刻都在監視果園周圍的動靜。赫斯珀里得斯的仙女也向接近蘋果的人發出警告，如果有人仍執迷不悟，試圖偷走蘋果，立刻就會成為拉冬的餌食。

相傳拉冬是非常可怕的怪物，但是相關的神話與傳說只有提及牠的名字和外觀，具體而言依舊不清楚地究竟具備什麼樣的能力。換句話說，拉冬堪稱是希臘神話諸多傳說生物中數一數二神祕的怪物。

STRONG POINT
火焰氣息

100個頭就足以構成威脅，但有一說認為拉冬還能從嘴裡噴火。如果100個頭同時噴火，任何龍都會瞬間化為焦炭。

WEEK POINT
體內出乎意料地脆弱

根據傳說，海克力士將蜂窩扔進拉冬的嘴裡，使拉冬慘遭蜜蜂螫死。可見即便是怪物，體表內部也似乎不如想像中頑強。

VC 龍之對戰

九頭蛇
(P.36)

水

堤豐和厄客德娜的孩子展開一場兄弟對決。九頭蛇的劇毒恐怕也對拉冬有效，若不小心被咬傷，想必就會當場斃命。在九頭蛇逼近前，拉冬是否能夠用100個頭同時噴出火焰將對方燒死，這將成為勝負的關鍵。

VC 龍之對戰

阿斯普
(P.156)

闇

阿斯普的劇毒哪怕是輕觸也能夠致命。牠的身體非常小，能從拉冬的嘴裡入侵體內散布毒素。就算拉冬再怎麼強壯，也無法抵擋體內毒素的侵蝕，除非察覺敵人的意圖，嘴巴緊緊閉上，否則優勢就會站在阿斯普這邊。

菲爾尼格修

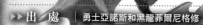

▶▶ 出　處 ｜ 勇士亞諾斯和黑龍菲爾尼格修

▶▶ 流傳地區 ｜ 東歐

▶▶ 棲息地 ｜ 匈牙利

▶▶ 能　力 ｜

力　量	5
防　禦	5
生　命	5
能　力	5
智　力	7
速　度	8

▶▶ 體長比較 ｜

推估全長：2～3m

行為舉止和人類如出一轍，所以應該很聰明；還能駕取以速度著稱的神駒，可見機動力相當卓越。

插畫：夜鳥

駕馭神駒的黑龍

這頭黑龍菲爾尼格修（Fernyiges）出現在匈牙利民間故事《勇士亞諾斯和黑龍菲爾尼格修》（Vitéz János és Hollófernyiges）當中。

傳說中，有一座城堡裡有個封印菲爾尼格修的石桶，後來當地公主和青年亞諾斯結婚，亞諾斯在好奇心的驅使下，解除石桶的封印，重獲自由的菲爾尼格修於是擄走公主逃亡。亞諾斯試圖奪回公主，卻多次被菲爾尼格修擊退；後來亞諾斯在菲爾尼格修的部下背叛之際，總算成功將牠殺死。

菲爾尼格修看似一條龍，但卻會抽雪茄、睡午覺，行為與人類相去不遠。最初面對前來奪回公主的亞諾斯時，菲爾尼格修告訴他：「是你解開封印讓我得到自由，就放你一馬吧。」由此可見牠講義氣的一面，足證其具備一定程度的智慧。

菲爾尼格修還有一匹擁有五條腿的神駒，每當亞諾斯奪回公主時，牠就會騎著這匹馬往後追趕。值得一提的是，這匹神駒的速度飛快，據說每跑二十步就能前進三十公里。

STRONG POINT
相當於千條龍的力量

傳說中，其他的龍都很畏懼菲爾尼格修，認為「即使集結一千條龍的力量，也贏不了牠」。可見即便從龍的角度來看，牠仍擁有數一數二的戰鬥力。

WEEK POINT
無

菲爾尼格修雖然遭到亞諾斯擊敗，卻沒有看似弱點之處。體型矮小勉強算是一項缺點，但這部分應該能靠機動力來彌補。

VC 龍之對戰

怒蛇 　　　光
(P.114)

正面對決，機動力卓越的怒蛇能將菲爾尼格修玩弄於股掌之間，局勢成一面倒。不過菲爾尼格修還有神駒這張王牌，若是騎馬戰鬥，速度便毫不遜色。菲爾尼格修的戰鬥力仍是未知數，如果是較量力氣或許會有勝算。

VC 龍之對戰

九頭龍 　　　水
(P.54)

力量和耐力為九頭龍的強項，速度則為菲爾尼格修的優勢。若正面交鋒，體型占上風的九頭龍十拿九穩。菲爾尼格修只能運用打帶跑戰術，一一擊潰對手的頭部，才有一線生機。能否躲過攻擊就是勝負的關鍵所在。

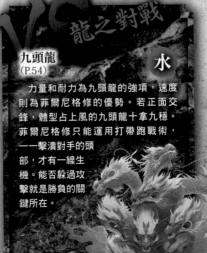

阿茲達哈卡

▶▶ 出　處 ｜ 波斯古經

▶▶ 流傳地區 ｜ 波斯（伊朗）

▶▶ 棲息地 ｜ 達馬萬德（Damavand）

▶▶ 能　力

力量	5
防禦	5
生命	5
能力	8
智力	5
速度	5

▶ 體長比較

推估全長：500㎞

瑣羅亞斯德教的惡神阿里曼為了毀滅世界，創造出阿茲達哈卡；或許基於這個淵源，據說牠身懷1000種魔術。

　　插畫：池田正輝

惡之化身的多頭龍

於古波斯瑣羅亞斯德信仰的神話中登場的阿茲達哈卡（Aži Dahāka），是距今約三千年前，結合波斯各地信奉的當地神祇和流傳傳說，進而創造出來的龍。

根據瑣羅亞斯德較的經典《波斯古經》描述，這條龍擁有足以遮擋天空的巨大翅膀以及三顆頭，還能施展一千種魔術。在神話中，阿茲達哈卡與各個善神展開激烈的戰鬥，最終敗給英雄蘇拉埃塔奧納，被幽禁在伊朗第一高峰德馬峰的地底下。一般而言，其他神話的反派角色通常都會被英雄斬殺，但阿茲達哈卡卻只有受到封印。

事實上，阿茲達哈卡的體內存有許多蜥蜴、蠍子這類被瑣羅亞斯德教視為邪惡的生物，如果殺死這頭惡龍，潛伏在體內的邪惡毒蟲就會全數釋放出來，進而淹沒整個世界。預言中也提到，阿茲達哈卡將會在世界末日來臨之際重新復活，吞噬包括人類在內世間三分之一的生命，最後遭到英雄擊敗。

STRONG POINT
一千種魔術

據說阿茲達哈卡身懷一千種魔術。儘管不知是否使用過，但在史詩《列王紀》中，牠曾經偽裝成一位名叫查哈克（Zahhak）的人類。

WEEK POINT
害怕善的存在

阿茲達哈卡看似沒有弱點，不過或許因為是邪惡化身，牠似乎害怕善的存在，因此最終遭到各個善神和英雄擊敗，被封印在山腳下。

龍之對戰

尼德霍格
(P.142)

闇

雖然力量與耐力差距不大，但尼德霍格有許多蛇部下，數量上具有壓倒性的優勢。每當阿茲達哈卡受傷，傷口就會跑出蜥蜴和蠍子，逐漸縮小雙方戰力差距，這就是阿茲達哈卡逆轉局勢的一大關鍵。

龍之對戰

燭龍
(P.100)

土

燭龍是掌控世界秩序的神，曾經敗給善神的阿茲達哈卡，心中燃起復仇之火。從體型來看阿茲達哈卡較為不利，但燭龍卻有行動遲鈍的缺點。阿茲達哈卡不斷遊走保持距離，從遠處施展魔術，如此就有勝算。

阿斯普

▶▶ 出　處　｜ 中世紀歐洲出版物

▶▶ 流傳地區　｜ 埃及

▶▶ 棲息地　｜ 不明

▶▶ 能　力　｜

力量	3
防禦	3
生命	3
能力	6
智力	3
速度	5

▶▶ 體長比較

推估全長：60㎝

具備超強毒性，有不錯的能力，可惜體長只有60公分，所以耐力不佳。害怕音樂這項弱點也是一大扣分。

　插畫：夜鳥

畏懼音樂的怪誕小龍

歐洲和埃及一帶有一種名為阿斯普（Asp）的毒蛇，這種蛇在過去也是用來指涉特定一頭龍的稱呼。根據中世紀歐洲流傳的多本書籍記載來看，阿斯普的體長約有六十公分，有兩隻腳，背上有一對小翅膀。這條龍最鮮明的特點是含有劇毒，一旦被牠咬傷就會當場死亡，甚至只是輕輕觸碰也會致命。

傳說中，阿斯普非常喜歡音樂，只要一聽到樂器演奏就會忘我地跳起舞來，全身毫無防備。不過阿斯普似乎也意識到自己這項弱點，所以每當聽到音樂時，牠會把一隻耳朵緊緊貼著地面，再用尾巴摀住另一耳來抵抗樂音傳入耳內。

阿斯普的傳說可以追溯到中世紀的歐洲，早在一千多年前就已經流傳於希臘一帶。然而流行於埃及境內的阿斯普，卻是一種外觀看起來全然不像龍的蛇形怪物，古羅馬的博物學者老普林尼在其百科全書著作《博物志》中也有介紹。

STRONG POINT
觸碰也會危及生命的劇毒

阿斯普是毒性極強的龍，若遭到咬傷必定當場喪命。即便只是觸摸阿斯普，毒液也會從皮膚滲入體內，最終導致死亡。

WEEK POINT
音樂

阿斯普具有聽到音樂時忘我跳舞的習性，牠跳舞時全身毫無防備，所以只得拼命摀住耳朵，避免讓自己聽到音樂。

COLUMN

成對行動的蛇怪

棲息在埃及的阿斯普也帶有毒性，而且不僅會咬人，還能透過眼神交會來毒殺對手。除此之外，牠也具備相當優秀的身體能力，移動速度就有如在空中飛翔。通常雄性的阿斯普會和雌性一起行動，若其中一隻被殺，另一隻就會誓死報仇，追殺仇人到天涯海角。

儘管這種怪物非常可怕，但只要能運用埃及人操縱蛇的咒語，就能夠輕易擊退阿斯普。

蛟龍（P.58）　　水

體型短小的阿斯普無法承受蛟龍的一擊；面對身懷劇毒的阿斯普，蛟龍也不能輕舉妄動。阿斯普只要慢慢拉近距離，趁隙咬向蛟龍便能獲勝；就算只有接觸身體，也能給予傷害。總之，勝負關鍵就在於阿斯普要如何拉近距離。

龍之對戰

阿佩普

▶▶ 出　處	埃及神話
▶▶ 流傳地區	埃及
▶▶ 棲息地	不明
▶▶ 能　力	

力　量	▬▬▬▬▬	6
防　禦	▬▬▬▬▬	7
生　命	▬▬▬▬▬	7
能　力	▬▬▬▬▬	5
智　力	▬▬▬▬▬	5
速　度	▬▬▬▬▬	5

▶▶ 體長比較
推估全長：100㎞

擁有不死之身，防禦力和生命力都很優越。據說阿佩普的獠牙含有毒性，這項強力的武器也讓牠具有不錯的威力。

插畫：月岡ケル

太 陽 神 永 恆 的 宿 敵

阿佩普是在埃及神話登場，被視為渾沌、黑暗的化身，通常描繪成巨蛇的形象。傳說中阿佩普生活在地獄深處的黑暗裡，由於是不死之身，因此不管受到多大的傷害都不會死亡。此外，阿佩普還會施咒傳播疾病，煽動民眾叛亂，導致人們陷入恐慌。

在埃及神話裡，阿佩普是太陽神拉最大的敵人，雖然雙方展開無數次激烈的戰鬥，但由於阿佩普身懷不死的能力，因此無論較量多少次，雙方遲遲無法分出勝負。拉在每次戰鬥過後都會身受重傷而動彈不得，只得在阿佩普的肚子裡休養生息，待恢復精神後，再從阿佩普的肚子裡爬出，重新展開戰鬥。

古埃及人根據這則神話，將阿佩普和拉作戰的這段時間視為白天，拉在阿佩普肚內休息的時段則視為黑夜。換言之，日出其實也就成為善惡兩方勢力對決的信號。不過，拉有時候也會暫時敗下陣來，與此同時就會出現日食的現象。

STRONG POINT
不死的肉體

就算被太陽神拉的魚叉刺穿身體，甚至脊骨碎裂，也不會死亡，頂多無法動彈。不死之身在龍族對戰中，將成為強而有力的武器。

WEEK POINT
太陽

太陽升起時，阿佩普無法發揮出應有的力量，但不死之身這項優勢仍在，所以問題不大。

COLUMN
吞噬亡者
帶來痛苦的惡魔

不只地面的居民，就連地獄的死者也非常害怕阿佩普。每到夜晚，阿佩普會將死者吞進牠冰冷黑暗的肚子裡，令死者深受痛苦折磨。太陽升起，進入白晝之際，阿佩普的力量開始減弱，死者趁機破肚而出，短暫重獲自由。然而到了夜晚，阿佩普就會恢復力量，再次將死者一一吞噬。死者就這樣日復一日，永遠無法獲得解脫。

燭龍
（P.100）

土

相傳燭龍睜開眼睛就會變成白天，閉上眼睛則會變成夜晚。太陽是阿佩普的弱點，若燭龍睜開眼睛，阿佩普將面臨不利。幸好阿佩普是不死之身，要忍受燭龍的猛攻並非難事。只要沒有弄錯進攻時間，勝利女神應該是站在阿佩普這邊。

伊路揚卡什

▶▶ 出　處	哈圖沙出土的浮雕
▶▶ 流傳地區	安納托利亞
▶▶ 棲息地	大海
▶▶ 能　力	

力　量	6
防　禦	6
生　命	6
能　力	5
智　力	5
速　度	6

▶▶ 體長比較
推估全長：10km

目前只知道伊路揚卡什是一種巨大的海蛇怪。由於體型龐大，想必力量、防禦、生命力等各方面都有不錯表現，即便在水中動作應該也很迅速。

　　插畫：夜鳥

古西臺人信奉的龍神

西臺人在西亞的安納托利亞建立起王國，伊路揚卡什（Illuyankas）正是西臺神話中的龍神。於古西臺王國首都出土、距今約一千五百年前製作的石板上，伊路揚卡什被描繪成一條巨大的蛇。在西臺神話體系裡，有兩則關於伊路揚卡什的故事，內容皆圍繞著與風暴神普魯利亞斯（Puruliyas）之間的戰鬥。

在第一則故事裡，伊路揚卡什和普魯利亞斯爭鬥，並取得勝利。普魯利亞斯向大氣女神伊娜拉斯（Inaras）

請求協助，獲得一位名為胡帕西亞斯（Hupasiyas）的人類同伴，再度與伊路揚卡什展開對決，伊路揚卡什最後中計而慘遭殺害。另一則故事描述普魯利亞斯在敗給伊路揚卡什後，娶人類之女為妻，兩人的兒子長大後，以間諜的身分入贅成為伊路揚卡什的女婿，最後協助普魯利亞斯贏得最終的勝利。兩個故事的結局皆為龍神伊路揚卡什敗給風暴神普魯利亞斯，這其實也意味著人們信仰的對象已經從水神變成天空神（天空神）。

STRONG POINT
無

雖有單槍匹馬打敗風暴神普魯利亞斯的實力，但能力充滿謎團。因為棲息在海裡，可能具備操縱水的能力。

WEEK POINT
酒

酒是伊路揚卡什的弱點。伊路揚卡什喝下女神伊娜拉斯所準備的酒，在酩酊大醉的狀態下被普魯利亞斯殺害。

VS 龍之對戰

利維坦
（P.46）　　　　　　**水**

決定海洋霸主的世紀之戰。利維坦全身覆蓋堅硬的鱗片，不管用什麼武器都無法造成傷害，但是如果是同為龍族的伊路揚卡什發動攻擊，不可能毫髮無傷。率先纏住對手的一方，就有可能取得優勢而獲勝。

VS 龍之對戰

魁札爾科亞特爾
（P.78）　　　　　　**風**

雙方皆為龍神，不過伊路揚卡什以大海、魁札爾科亞特爾則以天空為主戰場。伊路揚卡什從伸手不見五指的深海出發，魁札爾科亞特爾則躲進雲層探索對手動向，暴露行跡的一方就會立即被踐進對方的主戰場，隨即勝負揭曉。

雙頭蛇

▶▶ 出　處	博物志
▶▶ 流傳地區	歐洲
▶▶ 棲息地	沙漠

▶▶ 能　力

力　量	3
防　禦	3
生　命	3
能　力	5
智　力	3
速　度	6

▶▶ 體長比較

推估全長：1m

除了有兩個頭之外，其餘特性和一般的蛇沒有兩樣，力量和防禦各方面都偏低；但由於能滾動移動，因此機動力遠優於蛇。

插畫：月岡ケル

身體兩端皆為頭的毒蛇

中世紀的歐洲貴族和騎士，經常運用各式各樣的龍族成員作為紋章的設計圖案，其中還有一種尾巴末端變成蛇頭、外形像飛龍一樣的怪物。這個長相奇特，外觀像龍又似蛇的怪物就是雙頭蛇（Amphisbaena）。

雙頭蛇是歐洲自古以來便流傳甚廣的怪物，不過最初的樣貌並非常見的飛龍，也並非頸部分叉長出兩個蛇頭的外形，而是原本應為尾巴的部位另外長有一顆頭，令人感到毛骨悚然。古羅馬的博物學家老普林尼所編著的《博物志》，當中便有雙頭蛇的相關記載，也提到這種怪物生活在非洲東部的衣索比亞一帶。

根據其他文獻的記載，雙頭蛇不畏寒冷，會以一邊的頭咬住另一個頭，形成一個圓圈，如此便能像輪胎一樣滾動，且移動速度相當快。此外，雙頭蛇還具備極強的毒性，不僅會咬住獵物注入毒液，也能以噴灑的方式大範圍散播毒液。雙頭蛇之所以擁有兩張嘴，據說就是為了同時吐出大量毒液的緣故。

STRONG POINT

毒

雙頭蛇的毒性相當強烈，甚至連大型動物也能一擊斃命。牠會利用本身的劇毒，殺死獵物後再進食。

WEEK POINT

無

雖然沒有特別的弱點，但身體構造近似於蛇，所以不具備龍的耐力。據說非洲人會用棍子擊殺雙頭蛇。

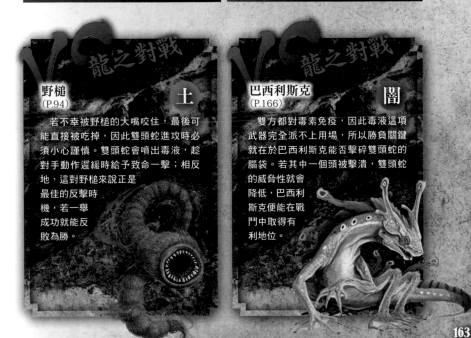

VC 龍之對戰

野槌
（P.94）

土

若不幸被野槌的大嘴咬住，最後可能直接被吃掉，因此雙頭蛇進攻時必須小心謹慎。雙頭蛇會噴出毒液，趁對手動作遲緩時給予致命一擊；相反地，這對野槌來說正是最佳的反擊時機，若一舉成功就能反敗為勝。

VC 龍之對戰

巴西利斯克
（P.166）

闇

雙方都對毒素免疫，因此毒液這項武器完全派不上用場，所以勝負關鍵就在於巴西利斯克能否擊碎雙頭蛇的腦袋。若其中一個頭被擊潰，雙頭蛇的威脅性就會降低，巴西利斯克便能在戰鬥中取得有利地位。

勇士佩特雷亞的茲梅烏

▶ 出　處　勇士佩特雷亞與伊萊亞娜

▶ 流傳地區　羅馬尼亞

▶ 棲息地　森林的洋房

▶ 能　力

力量	3
防禦	3
生命	3
能力	5
智力	8
速度	3

▶ 體長比較

推估全長：1.7～1.8m

整體來說，勇士佩特雷亞的茲梅烏身體素質偏低，實力在龍族中屬於後段班。不過牠具備相當高的智慧，在故事中曾用話術擺布人類。

164　　　插畫：夜鳥

善用巧言操縱人類的頭腦派

勇士佩特雷亞的茲梅烏，是羅馬尼亞著名的民間故事《勇士佩特雷亞與伊萊亞娜》中出現的雄性龍人。茲梅烏（Zmeu）是東歐地區特有的龍，而不是特定的個體名，就好比飛龍、噴火龍這些約定成俗的稱呼，同樣作為龍族某一族類的統稱。

每個茲梅烏的外觀都有著極大的差異，除了同樣具備龍的樣貌之外，還有外形如同紅蓮火焰的吸血鬼，也有像極背上長有龍的翅膀的人類。大部分的茲梅烏喜歡單純憑藉力量正面迎敵，但在傳說故事中基本上都是扮演被勇士打倒的角色。而這裡介紹的茲梅烏，雖然依然是故事的反派角色，外觀卻和人類十分相近，模樣也相當俊俏，可是個性狡猾非常。

這則傳說裡的茲梅烏，不僅憑藉本身美貌拉攏勇士佩特雷亞的母親，更企圖殺害佩特雷亞。雖然牠是茲梅烏界罕見的頭腦派，但是佩特雷亞在女主角伊萊亞娜的協助下，成功拆穿牠的陰謀，最終將其殺死。

STRONG POINT
迷人的美貌

這個茲梅烏長著角和翅膀，但面貌和人類毫無二致，看似相當俊俏的美男子，任何女性都會被牠的美貌所迷惑。

WEEK POINT
手無縛雞之力

與其他的茲梅烏不同，雖然頭腦靈活，但臂力不足，戰鬥力不佳，這在以力量相拼的龍族對戰中是相當不利的條件。

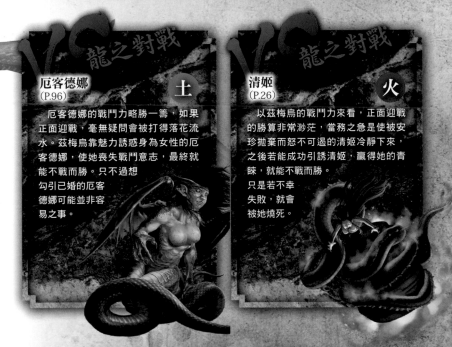

龍之對戰

厄客德娜
(P.96)　　土

厄客德娜的戰鬥力略勝一籌，如果正面迎戰，毫無疑問會被打得落花流水。茲梅烏靠魅力誘惑身為女性的厄客德娜，使她喪失戰鬥意志，最終就能不戰而勝。只不過想勾引已婚的厄客德娜可能並非容易之事。

龍之對戰

清姬
(P.26)　　火

以茲梅烏的戰鬥力來看，正面迎戰的勝算非常渺茫，當務之急是使被安珍拋棄而怒不可遏的清姬冷靜下來，之後若能成功引誘清姬，贏得她的青睞，就能不戰而勝。只是若不幸失敗，就會被她燒死。

巴西利斯克

▶▶ 出　處　博物志

▶▶ 流傳地區　歐洲

▶▶ 棲息地　荒野

▶▶ 能　力

力　量	3
防　禦	3
生　命	3
能　力	8
智　力	5
速　度	5

因為具備強烈致死性的劇毒，能力相當出色。但由於體型較小，耐力相當低，因此防禦力和生命不如其他的龍族。

▶▶ 體長比較

推估全長：約25㎝

　插畫：合間太郎

致命吐息將城鎮化為荒蕪

巴西利斯克（Basilisk）是歐洲等地自古流傳的怪物，不過其樣貌會隨著地區和時代而異，唯一的共通點是都含有劇毒。

古羅馬博物學家老普林尼所編著的《博物志》記載，巴西利斯克是生活在利比亞東部沙漠的毒蛇，其身長約二十五公分，力量並非特別強大，不過牠吐出的氣息帶有極強的毒性，會帶來相當程度的威脅。一旦接觸到巴西利斯克所呼出的毒氣，草木就會枯萎，岩石也會破裂，因此牠的巢穴周圍放眼望去是一片焦黑的荒原。

然而威脅性十足的巴西利斯克卻也有天敵。相傳鼬鼠這種動物所散發出的惡臭，能夠抵抗巴西利斯克的致命吐息。如果將鼬鼠扔進巴西利斯克的巢穴裡，雙方會散發出令人窒息的惡臭，最後落得兩敗俱傷。

值得一提的是，這種怪物在不同傳說中被描述為雞身蛇尾的形象，而有蛇雞獸（Basilicok）的別稱。後世又以此為原型，創造出相似的公雞怪物雞蛇（Cockatrice）。

STRONG POINT
毒

據說一名戰士用長矛刺殺巴西利斯克時，毒素順著長矛傳來，導致戰士和他的座騎死亡，毒氣的威力由此可見一斑。

WEEK POINT
體型短小

巴西利斯克不像其他的龍有堅硬的鱗片覆蓋，身材也很短小，因此耐力不佳。雖然對人類造成生命危害，但人類也有能力消滅牠。

COLUMN

不只是致命毒素
目光所及處皆成石像

巴西利斯克原先是以蛇的外形為人所知，但隨著時代變遷，外觀也逐漸發生變化。在中世紀歐洲，巴西利斯克變成一種長著8隻腳、頭上戴著王冠的小龍（蜥蜴）。不只是呼吸，就連視線也含有毒素。此時的巴西利斯克擁有可怕的石化能力，凡是看到之物都會變成石頭。根據這個特性，鏡子便取代鼬鼠，成為消滅巴西利斯克的必需品。

VS 龍之對戰

阿斯普
(P.156)

闇

雙方都身懷劇毒，皆對毒素免疫，在毒素無法發揮作用的情況下，彼此開始互咬。具備飛行能力的阿斯普稍微占上風，可是巴西利斯克的體型較短小，能輕易躲避攻擊。能否善用這項優勢將成為勝負的關鍵。

Dragon Battle
龍之對戰

對財寶非常執著的法夫納，闖入翼龍的棲息地，
牠的目標正是翼龍前額上的稀有寶石。
貪婪的闖入者當然徹底激怒翼龍，雙方於巨大鍾乳洞內爆發衝突！

以堅硬外殼自豪的地底之龍
法夫納

因詛咒而陷入瘋狂的前矮人族魔法師，為了守護
財寶，把自己變成龍的樣貌。腹部以外都覆蓋堅
硬的鱗片，嘴裡吐出劇毒的氣息，簡直有如一輛
重型戰車。

▶▶ 能　力　｜　　　詳細參閱 P.140

力　量	6
防　禦	7
生　命	5
能　力	5
智　力	7
速　度	5

額頭鑲嵌寶石的美麗飛龍
翼龍

流傳於法國東部與南部的飛龍。鑲在額頭中央的
寶石堪稱是最大特徵，不僅能使翼龍在黑暗行動
自如，也可以維持其不死之身，是翼龍必須死守
的寶藏。

▶▶ 能　力　　　　　詳細參閱 P.90

力　量	5
防　禦	5
生　命	7
能　力	6
智　力	3
速　度	7

　插畫：合間太郎

Round 1
翼龍先發制人！
弄瞎敵人雙目，阻礙行動！

雖然在一片漆黑的洞窟內戰鬥，但彼此都有一雙在黑暗中也辨物無礙的眼睛。翼龍搶先一步攻擊，為了教訓前來搶奪寶石的貪婪之龍，翼龍讓額頭上的寶石發出閃光。眼睛遭光直接照射，法夫納的視力完全喪失！

DANGER!

寶石之光
翼龍額上的寶石可以發光，若在黑暗中被寶石光線照射，眼睛會暫時看不見。

法夫納的行動受到妨礙
憤怒的咆哮於洞窟內久久迴盪！

Fáfnir

LIFE 5000/5000

Vouivre

LIFE 700/700

活用鍾乳洞地形接連展開攻勢
把法夫納逼入絕境！

翼龍眼見先發制人奏效，於是在洞窟內靈活飛行，使冰錐狀的鍾乳石不斷掉落在法夫納的頭頂！由於無法辨視敵人行動，法夫納被尖銳岩石直接命中而不支倒地，露出腹部的弱點。

DANGER!

鍾乳石
單就戰鬥力來看，翼龍遠不及法夫納，因此只能憑藉主場優勢戰鬥。

法夫納被數個鍾乳石直接命中
發出痛苦的吶喊！

Fáfnir

LIFE 4600/5000

Vouivre

LIFE 700/700

Round 3

受到連續重創
變得虛弱的法夫納的結局究竟是？

看似傷得不輕，其實全是法夫納的狡猾演技。牠刻意暴露出腹部，儘管視力早已恢復，但仍繼續裝作看不見的樣子。打算給予最後一擊而靠近的翼龍，遭到法夫納噴出的猛烈毒氣反將一軍！翼龍身中劇毒，意識模糊墜落地面，寶石立即被奪取。

DANGER

狡猾的演技

外表看不出來，但憑藉前魔法師特有的狡詐演技，將翼龍騙得團團轉。

近距離直接遭受猛烈毒氣襲擊
翼龍最終不支倒地！

法夫納勝利！

K.O.

Fáfnir

LIFE 4600/5000

Vouivre

LIFE 0/700

龍之對戰

啟示錄的紅龍是基督教最強惡魔撒旦的化身，
中國文化中作為龍之最終形態的應龍，挺身面對這個超乎想像的強敵。
不只是東西方龍族代表，更是光明和黑暗的象徵，終極戰役即將引爆！

唯一敢於挑戰上帝的撒旦化身

啟示錄的紅龍

在基督信仰中，龍是邪惡的象徵，其中最強大、最邪惡的龍就是啟示錄的紅龍。紅龍為撒旦的化身，因此擁有撒旦的無限魔力。

▶▶ 能　力　｜　　　　　詳細參閱 P.144

力量	7
防禦	7
生命	7
能力	5
智力	6
速度	5

隨著歲月變化的龍之最終形態

應龍

中國的龍會隨著年齡增加而改變名稱，應龍即是位於頂點的神龍。其神通力不僅震懾眾神，甚至能擊敗最強的戰神蚩尤。

▶▶ 能　力　｜　　　　　詳細參閱 P.120

力量	9
防禦	7
生命	7
能力	7
智力	8
速度	8

插畫：合間太郎

啟示錄的紅龍率先發動猛攻！
無數火柱襲向應龍！

和上帝並駕齊驅的魔力和神通力相互衝突。
啟示錄的紅龍先發制人，應龍腳下浮現魔法
陣，隨即升起數根巨大的火柱，打算將應龍
燒得連骨頭都不剩。應龍則展開強力的屏障
來保護自己。

DANGER!!

火柱

令一般的龍瞬間化為灰燼的超高
熱火焰，似乎連應龍也無法完全
防禦。

超自然力量的激烈角力
周圍大地隨之震撼！

Apocalyptic Dragon

LIFE 70000/700000

Ying Lóng

LIFE 680000/700000

Round 2
應龍強力回擊！
無數冰槍襲向紅龍！

抵擋火柱攻擊的應龍轉守為攻，
以神通力製造出鋒利的冰槍。來
自四面八方的無數冰槍將紅龍團
團包圍，甚至突破紅龍的防禦，
將牠的翅膀撕裂。

DANGER!

冰槍
應龍的神通力可引發各種超常現
象，與水有關的招式更是牠的拿
手絕活。

雖成功扭轉守勢
卻難以造成致命傷害！

Apocalyptic Dragon

LIFE 420000/700000

Yìng Lóng

LIFE 680000/700000

Round 3
可怕的末日之力
招來巨大的隕石！

受到嚴重傷害的紅龍發出憤怒的咆哮，長長的尾巴隨之左右搖晃。緊接著，熊熊燃燒的巨大隕石出現在應龍的頭上，開始以超高速墜落。這個意想不到的變局讓應龍措手不及，在來不及防禦的情況下，和隕石一起重重地撞擊地面。

DANGER!

巨大隕石

紅龍的魔力足以瞬間轉移隕石，就算是應龍也無法抵擋這股黑暗力量。

紅龍憤怒的一擊
將應龍重重壓制在地！

啟示錄的紅龍勝利！

Apocalyptic Dragon

Yìng Lóng

K.O.

LIFE 420000/700000

LIFE 0/700000

世界龍族小事典⑥

EXTRA

聖思維的龍

流傳地區▶義大利羅馬
出處▶黃金傳說

羅馬教宗施展奇蹟
封印為非作歹的毒龍

　　西元314年，聖思維獲選成為新一任的教宗，不久後，羅馬皇帝皈依基督教，然而有個異教徒祭司卻指出皇帝改變信仰，造成龍現身於世殺害人類。收到聖彼得的報告後，思維帶著祭司前往龍之洞窟，他獨自踏入險境，綁住龍的嘴巴，用十字架將牠封印。思維受到毒氣攻擊卻毫髮無傷，待在入口的祭司反而遭毒氣侵害而倒地。他把祭司帶回城裡，許多人見證這項奇蹟後便立即改信基督教。

Maso di Banco
《思維一世（屠龍的聖思維）的人生》
佛羅倫斯聖十字聖殿

畫中中央的人物即聖思維，左側描繪封印龍的景象，右側倒地的人物則是同行的異教徒祭司，同時也描繪受到幫助的人們改信基督教的情景。

EXTRA

聖馬太的龍

流傳地區▶衣索比亞
出處▶黃金傳說

拋棄為禍鄉里的惡主
追隨上帝離開城鎮

　　聖馬太原本是一名羅馬帝國的稅務官員，他在遇見耶穌後，隨即受耶穌感召而懺悔自己的罪行，成為耶穌的十二門徒之一。

　　馬太後來前往衣索比亞，傳播基督教義，他在這裡遇見兩名騙人的魔術師。馬太趁著住在接受洗禮的高官家裡期間揭穿魔術師的惡行，總算令當地居民醒悟，紛紛改宗基督。可是沒過多久，魔術師竟然帶著兩頭龍回來；龍從鼻子和嘴裡源源不斷噴出火焰和燃燒的硫磺，對居民發動襲擊。

　　馬太聽到這個消息後，隨刻動身前往魔術師所在之處，神奇的是，兩條龍一看見馬太，便立即一動也不動地埋頭睡著了。馬太向面面相覷的魔術師說道：「你們的魔術怎麼失靈了呢？如果你們辦得到，不妨試著喚醒龍。除非我不祈禱，否則你們想對我做的一切惡行，都會落到你們自己身上。」由於龍無法作惡，鎮上居民戰戰兢兢地聚集過來，一睹奇蹟。馬太接著面朝向龍，以耶穌的名義命令牠們離開城鎮，且不得傷害任何人；兩條龍果然也隨即起身，頭也不回地離開城鎮。

Fantasy
Dragon
Encyclopedia

第七章

龍族資料室

世界的屠龍者

宙斯
vs 堤豐（P.70）

希臘神話的主神 也是統治人類和眾神的王者

全知全能之神 與最強怪物搏鬥

宙斯為大地和農耕之神克洛諾斯和大地女神雷亞之子，冥界之神黑帝斯和海神波塞頓是祂的兄弟。

宙斯在與巨神族泰坦的激烈戰鬥中贏得勝利，成為全宇宙的統治者。向宙斯發起挑戰的，正是巨人族的其中一族癸干忒斯。宙斯就在這場癸干忒斯戰爭（Gigantomakhia）取得了勝利。

然而，癸干忒斯族的母親女神蓋婭對

這場敗戰燃起憤怒之火，她生下最強的怪物堤豐（P.70），唆使牠攻擊宙斯等人所在的奧林帕斯山。

面對堤豐的怪異形象和猛烈的攻擊，眾神驚恐地逃之夭夭；這時只有宙斯獨自留下，與堤豐展開一對一的對決。

儘管宙斯在這場戰鬥中取得優勢，但是卻在格鬥戰敗下陣來，一度被關在洞窟裡。後來諸神將宙斯解救出來，開始展開反擊，最後把堤豐壓在西西里島的埃特納山下。

相傳每當壓在山下的堤豐無法忍受重壓而掙扎時，就會引發火山噴發。而這場戰役也使宙斯重新統治整個世界。

宙斯像

身為天空之神的宙斯，支配全世界的氣象變化，其中又屬雷電的威力最為強大，據說可將世界燒毀殆盡。

泰坦之戰

圖為宙斯領導的奧林帕斯眾神，與農耕之神克洛諾斯率領的巨神族泰坦之間的戰爭場面。這場長達十年的戰鬥，最終是由奧林帕斯方取得勝利。

海克力士

vs九頭蛇（P.36）

希臘神話最偉大的半神英雄

奉國王之命
英雄踏上贖罪之旅

海克力士是主神宙斯以及阿爾克墨涅（英雄珀爾修斯的孫女）之子，也是繼承神祇和人類兩方血統的半神。

海克力士成長為武勇出眾的青年，卻受嫉妒的希拉陷害，犯下殺害自己孩子的罪刑。為了贖罪，海克力士侍奉邁錫尼的國王歐律斯透斯（Eurystheus），完成國王交派的十項任務。其中一項是消滅勒拿沼澤的九頭蛇（P.36）。

海克力士用布捂住嘴鼻，避免吸入九頭蛇的毒氣，接著朝牠的棲息地射出火矢，將九頭蛇逼出巢穴，接著手持棍棒作戰。然而，每當海克力士用棍棒擊碎九頭蛇的腦袋，隨即又會長出兩顆新的蛇頭；不管打倒幾個，九頭蛇的頭只會不斷增加，且中間的頭是不死之身，使得戰鬥變得激烈非常。

海克力士和九頭蛇

海克力士雖然在與九頭蛇的戰鬥中獲得毒箭，但後來自己也遭到劇毒侵蝕，最終在極度痛苦中選擇死亡。

九頭蛇與海克力士
以及星座的起源

海克力士向同行的姪子伊奧勞斯尋求幫助，伊奧勞斯用火把灼燒九頭蛇的斷頸，成功阻止頭部再生，於是形勢開始扭轉。海克力士砍下最後一顆不死的蛇頭，將牠壓在巨大的岩石之下。

隨後，海克力士將九頭蛇的身體大卸八塊，把含有劇毒的膽汁塗抹在自己的箭矢上。這使得箭矢擁有無與倫比的威力，祂在後來的戰鬥中也屢屢使用這支毒箭。

「武仙座」就是依據海克力士的拉丁語讀音來命名。此外，被海克力士擊敗的九頭蛇後來也升上天空成為長蛇座，而在戰鬥中被海克力士踩死的巨蟹則變成巨蟹座。

海克力士與兩條蛇的雕像

宙斯的妻子希拉憎恨海克力士，因此將兩條蛇放進搖籃裡。不過還只是嬰兒的海克力士卻赤手空拳將蛇捏碎。

179

索爾
vs耶夢加得（P.44）

出海捕魚
意外引出耶夢加得

索爾出現在北歐史詩《老埃達》、《散文埃達》等的文獻當中，為北歐神話的雷神。

祂的身材高大，目光如炬，有一頭紅色頭髮，蓄著紅鬍子，性格豪邁且脾氣暴躁。

有一天，索爾和海洋巨人希密爾一同坐船出海，祂用一頭巨牛的頭當成誘餌釣魚，沒想到竟引來毒蛇耶夢加得（P.44）。耶夢加得上鉤後激烈抵抗，索爾踩破船板，雙腳有如踩在海底般奮力搏鬥，總算將牠拉出海面。然而，隨行的希密爾卻因為過於害怕而剪斷釣線，因此錯失了捕捉耶夢加得的大好機會。

索爾與耶夢加得的戰鬥

神話描述索爾釣起耶夢加得後，欲使用雷神之鎚將牠擊斃。耶夢加得被擊中後仍僥倖逃入海中。

迎來諸神的黃昏
耶夢加得向神宣戰

在北歐神話的諸神黃昏（末日之戰），也描述了索爾以及宿敵耶夢加得的戰鬥情景。

當諸神黃昏到來時，天空染成一片紅色，耶夢加得掀起驚濤駭浪，從海洋深處來到陸地。與此同時，大量的海水湧向陸地淹沒世界，索爾和耶夢加得這對宿敵再次對峙。

索爾朝耶夢加得扔出雷神之鎚，都被巧妙躲過，直到第三次才總算成功將牠擊倒。但是索爾自己也身中耶夢加得噴出的毒氣，後退九步之後便斷氣了。

雷神和世界蛇之間的戰鬥，最終迎來同歸於盡的結局。

索爾與耶夢加得的雕像

位於瑞典斯德哥爾摩的雕像。可以看見索爾舉起手中的雷神之鎚，試圖給耶夢加得致命一擊的情景。

須佐之男

創世三主神之一
日本神話的著名神祇

流傳於島根縣
八岐大蛇傳說

　於《古事記》和《日本書紀》中登場的須佐之男，是日本神話時代的神祇。一般認為他是由伊奘諾尊與伊奘冉尊所生，也是後世普遍供奉於日本各地神社的英雄。

　祂最為人津津樂道的功績，就是與八岐大蛇（P.52）的戰鬥。

　須佐之男在天界犯下罪行後被放逐人間，前往現在的島根縣出雲市。祂在路上遇到了一對圍著美麗女子哭泣的老夫婦，一問之下，得知當地每年都會出現一頭名叫八岐大蛇的怪物，把兩人的女兒吃掉。兩人原有八名子女，如今只剩下最後一個女兒。須佐之男知道這件事後，決定自告奮勇消滅八岐大蛇。

　祂先請老夫婦釀酒，再把酒裝進八個酒桶，不久八岐大蛇現身，牠聞到酒香後立即就把頭伸進酒桶裡，開始喝起酒來。等到八個頭都一醉不起時，須佐之男便跳出來用劍將牠剁成碎片，這時從

八岐大蛇的尾巴出現一把大刀，這就是著名的草薙劍。草薙劍是天皇家族代代相傳的三神器之一，現已成為愛知縣熱田神宮的神體。

《本朝英雄傳》須佐之男

江戶時代的浮世繪師歌川國輝所描繪的須佐之男和稻田姬。稻田姬即須佐之男從八岐大蛇手中救出的女子，相傳後來成為他的妻子。

《日本略史 素盞嗚尊》八岐大蛇

活躍於江戶末期到明治時代的浮世繪師月岡芳年的作品。八岐大蛇和須佐之男的傳說常作為神樂、淨琉璃、劇場等各種創作形式的題材。

貝奧武夫
vs 貝奧武夫之龍（P.16）

千年前創作
北歐國度的冒險故事

《貝奧武夫》為西元八～九世紀左右所創作的英國史詩，這個故事以北歐為舞台，主要描寫主角貝奧武夫的英勇事蹟。儘管作者不詳，但是從詩篇的長度和創作年代久遠來看，堪稱是中世紀西歐的珍貴創作。

故事由兩部組成，第一部圍繞著年輕時代的貝奧武夫。巨人格倫戴爾襲擊丹麥國王荷羅斯加（Hrothgar）的宴會，之後被貝奧武夫所擊敗。

雖然貝奧武夫一度讓格倫戴爾僥倖脫逃，但是他後來前往深入巨人所棲息的沼澤，雙方激烈交鋒，最終貝奧武夫取得勝利。

《貝奧武夫》手稿

流傳至今的貝奧武夫原稿，只剩西元1000年左右所抄寫的手稿。它平安度過火災等劫難，目前收藏在大英博物館。

格倫戴爾

襲擊「希奧羅特宴會廳」的格倫戴爾，被認為是舊約聖經中該隱的後裔。格倫戴爾的母親在他死後前來報仇，遭到貝奧武夫擊退。

成為國王之後的
貝奧武夫

與格倫戴爾交戰後經歷數年，貝奧武夫成為南瑞典的國王，賢明地管理國家。

就在貝奧武夫統治的第五十年，某一天，有個人發現一處地下寶藏，並偷偷取走一個杯子。然而，這處寶藏卻是由一頭龍（P.16）長年看守，龍發現寶藏遭竊，憤而襲擊百姓。貝奧武夫命人製作一面大型鐵盾，抱著必死的覺悟，朝龍居住的海岬出發。

許多隨從在龍的噴火攻擊之下紛紛走避，貝奧武夫在最後一位忠心部下的協助之下，成功將龍殺死。但是貝奧武夫自己也在這場戰鬥中受到致命傷，不久便離開人世。

齊格飛
vs 法夫納（P.140）

賦予「屠龍者」之稱
北歐神話的英雄

英雄成長史與
法夫納之戰

齊格飛是在北歐文獻的《埃達》以及《沃爾松格傳說》中登場。文獻描述，齊格飛為英雄齊格蒙德之子，但父親在他出生時早已過世，由鐵匠雷金將他撫養長大。

雷金唆使長大成人的齊格飛前去打敗惡龍法夫納（P.140），搶奪龍所守護的黃金。

齊格飛從其父親手中繼承的斷劍格拉墨，經過雷金重新鍛造，再度回到他的手上。齊格飛帶著格拉墨，前往剿滅法夫納，最終也成功將牠擊敗。法夫納在臨死之際，勸告齊格飛別帶走這些遭到詛咒的黃金，齊格飛卻仍一意孤行帶走黃金。

齊格飛因為這項屠龍功績，獲得「屠龍者」的美譽，而格拉墨也贏得「屠龍者之劍」的稱號。

惡龍的詛咒？
齊格飛最終的宿命

齊格飛以格拉墨貫穿了法夫納的心臟後，他挖出心臟並喝下流出的血，從而獲得和所有動物對話的能力。齊格飛和小鳥對話時得知，法夫納其實是雷金的哥哥所化身的龍，這一切全是雷金的陰謀。雷金為了得到黃金，甚至打算殺死齊格飛，知道這件事的齊格飛於是先發制人，將雷金的頭砍了下來。

得到黃金的齊格飛踏上旅程，後來遇見被幽禁在宮殿裡的布倫希爾德，兩人墜入愛河。然而，命運多舛的兩人卻無法結婚，最終齊格飛遭到暗殺，結束他傳奇的一生。

齊格飛

齊格飛與德語史詩《尼伯龍根之歌》中的齊格弗里德（P.184）為同源人物。北歐地區主要保留前半部，德國地區則留下後半部的故事。

手持格拉墨的齊格飛

齊格飛準備前往消滅法夫納時，雷金曾鍛造數把劍，但卻沒有一把能讓齊格飛滿意。最終他將父親齊格蒙德留下的斷劍格拉墨重新鍛造，終於用它打敗法夫納。

日耳曼民族的伊利亞德
史詩尼伯龍根之歌

齊格弗里德登場的《尼伯龍根之歌》，是將自古以來德意志地區活躍的英雄傳說，於十三世紀初匯整而成的史詩。

這個故事也成為十九世紀德國作曲家華格納創作的歌劇《尼伯龍根的指環》的主題。

齊格弗里德是萊茵河下游克桑滕王國的王子，他自少年時代就離開王宮，和軍隊一起遠征。

標題中使用的「尼伯龍根」是挪威地區一個家族的名字，這個家族被齊格弗里德打敗，使得受詛咒的財寶、魔法隱身斗篷，名劍巴爾蒙克也隨之遭到搶奪。

齊格弗里德就是在這個時候取得屠殺惡龍的功績。他在成功屠龍過後，全身沐浴在充滿魔力的龍血之中，皮膚變得像甲殼一樣堅硬，從此成為不死之身。

然而，碰巧有一片菩提樹的葉子落在背上，使得該處沒有沾到龍血，這個部位也成為他日後唯一的弱點。

屠龍英雄的悲劇
大意留下的致命弱點

齊格弗里德成年後前往勃艮第王國，準備迎娶勃艮第國王龔特爾（Gunnar）的妹妹克瑞姆希爾（Kriemhild）。

龔特爾提出的條件，希望齊格弗里德能協助他與冰島女王布倫希爾德結成連理。齊格弗里德便使用過去從尼伯龍根搶來的魔法隱身斗篷，幫助龔特爾通過布倫希爾德的考驗。

齊格弗里德和龔特爾都順利和心儀的對象結婚。然而十年後，兩人的妻子於王宮再次相遇，心存芥蒂的兩個女人終於因細故而發生爭執，布倫希爾德這時才得知自己在結婚時遭齊格弗里德欺騙的真相。勃艮第的重臣哈根對此氣憤不已，於是設下陷阱，趁齊格弗里德不備時從背後投擲長槍，而齊格弗里德也因要害被刺中而死。

《尼伯龍根之歌》手稿

《尼伯龍根之歌》共分為兩部，第一部敘述齊格弗里德的活躍與死亡，第二部則圍繞著他的妻子克瑞姆希爾的復仇故事。

齊格弗里德的遺體和克瑞姆希爾

決心為丈夫復仇的克瑞姆希爾，用盡千方百計，終於成功將殺害齊格弗里德的哈根殺死。

費雷登
vs阿茲達哈卡（P.154）

於波斯神話登場
沙漠王國之王

波斯史詩《列王紀》是由三個部分所組成，其中神話的部分便是以英雄費雷登（Fereydun）對抗暴君查哈克（Zahhak）作為主軸。

查哈克因為惡靈的詛咒，雙肩長出兩條黑蛇，這個形象也被認為是阿茲達哈卡（P.154）的一種化身。

國王查哈克受到夢境的啟示而尋找費雷登，並殺害他的父親。費雷登長大得知真相後決心復仇，於是他召集許多人起義，與查哈克作戰。費雷登得到天使的支援，最終把查哈克逼上絕路，就在他準備給予致命一擊時，天使現身阻止，後來查哈克便幽禁在洞窟內。

查哈克即位

查哈克受到惡靈伊布力斯（Iblīs）的唆使，殺害父親馬爾達斯（Merdas），自行登基為王。相傳他的統治長達1000年。

國王費雷登
試探三位王子

登上王位的費雷登有三個兒子，為了試探兒子們的性格，費雷登化身為龍出現在他們面前。大兒子沒有任何抵抗便落荒而逃，二兒子鼓起勇氣面對挑戰，小兒子則是試圖說服龍。費雷登根據表現分別為兒子命名，並讓他們治理分配的土地。

然而，三個兒子都心懷不滿而爭執不休，最終三人都死於非命。悲痛欲絕的費雷登決定把王位讓給曾孫，遠離世俗生活。據說費雷登的仁政統治歷時長達五百年。

費雷登與查哈克

費雷登命老鐵匠卡維（Kaveh）為他製作牛頭錘矛。與查哈克對峙時，費雷登就是以牛頭錘矛擊碎他的腦袋。

卡德摩斯
vs 艾瑞斯的龍

消滅殺死部下的
艾瑞斯之龍

卡德摩斯的父親，是統治腓尼基城市泰爾的國王阿革諾耳（Agēnōr）。

阿革諾耳派卡德摩斯尋找姐妹歐羅巴的下落時，在旅行途中，他派部下前去打水，但所有人都被守衛艾瑞斯泉的龍所殺害。憤怒的卡德摩斯用岩石擊中龍的頭部，將其殺死。

這時女神雅典娜現身，她建議把龍的牙齒撒在地面。卡德摩斯按照她的指示去做，隨後地面出現一群武裝的戰士，他們自相殘殺，最後剩下來的五個人宣誓對他效忠。這五位隨從便被賦予地生人（Spartoi）之稱，也就是「種出來的人」的意思。

卡德摩斯

據說，卡德摩斯最後和妻子一起變成巨蟒，主神宙斯特別允許兩人生活在死後的樂園至福樂土。

朗納爾王
vs龍

人類精心飼育幼龍
卻不慎釀就一國災劫

在丹麥語和瑞典語中，「orm」為蛇的意思，不過這個詞與英語中的「worm」（蠕蟲）來自相同的詞源，因此也有龍的意思。

根據十二世紀薩克索·格拉瑪提庫斯（Saxo Grammaticus）所撰寫歌頌丹麥歷史的文獻《丹麥人的事跡》，瑞典國王哈洛特（Herodd）發現兩條龍，於是讓女兒索拉（Thora）每天餵一頭牛。龍在索拉的照顧下不斷成長，後來竟開始吐出有毒的氣體，這令哈洛特追悔莫及。

北歐著名的維京英雄、日後統治丹麥的朗納爾（Ragnarr），便是於此時出現在眾人面前。

朗納爾原是為了向索拉求婚而來，似乎出於這個原因才接受屠龍的請求。

朗納爾的冰封裝備
成為勝負關鍵

朗納爾把羊毛披風和厚毛褲浸在水裡冷凍，作為戰鬥時的裝備，冰凍的衣服能夠完全反彈惡龍吐出的毒氣。朗納爾用盾牌擋住龍牙的攻擊，再投擲出繫著皮帶的標槍，成功撕裂兩條龍的心臟，贏得最後勝利。

聖馬大

vs 六腳龍（P.38）

相異的姐妹與來自耶穌基督的話語

聖馬大和妹妹瑪利亞的故事，記載於《新約聖經》的《路加福音》和《約翰福音》當中。

經文提到，姐妹倆與耶穌基督的關係相當密切。當兩人招待耶穌到家裡時，姐姐馬大為了款待耶穌而忙得不可開交時，妹妹瑪利亞卻全神貫注地聆聽耶穌的教導。

對此感到不滿的馬大忍不住打斷耶穌的話，她說：「主啊，我的妹妹留下我一個人伺候，祢不在意嗎？請吩咐她來幫助我。」

而馬大和瑪利亞表現出全然不同的態度，也被認為是「活動生活」和「觀想生活」的具體展現。

聆聽耶穌話語的馬大與瑪利亞

招待客人的馬大和傾聽耶穌教誨的瑪利亞，兩者雖無優劣之分，但也有人解釋當馬大向瑪利亞表示不滿時，就已經犯下錯誤。

馴服六腳龍的聖馬大

馬大只以祈禱和灑聖水的方式討伐六腳龍，沒有使用任何暴力，這也是馬大被視為聖人的原因。

憑藉虔誠的信仰馴服怪物六腳龍

馬大為了傳播基督教義，來到位於現今法國南部的塔拉斯孔。她聽聞這裡棲息一頭擁有六腳的龍（P.38）。

據說身為龍族眷屬的六腳龍，性格凶猛，喜歡吃人。馬大為了馴服這頭駭人的可怕怪物，獨自一人走進牠棲息的樹林。馬大面對六腳龍時毫無畏懼之色，她全神貫注地祈禱和撒聖水，最後成功壓制六腳龍。

馬大利用腰帶綁住六腳龍帶回鎮上，命令牠像狗一樣趴在地上。長期苦不堪言、家人都被惡龍吞食的村民則怒不可遏，紛紛扔擲石頭，把六腳龍活活打死。

塔拉斯孔每年六月都會舉辦以六腳龍為主題的紙模型遊行，這個「六腳龍遊行」至今仍是當地的一大盛會。

聖喬治
vs聖喬治之龍（P.146）

成功退治惡龍
宣揚上帝教義

聖喬治是西元三世紀後期的人物。聖喬治的父親是羅馬軍人，後來自己同樣投身入伍，但他同時也是一位虔誠的基督徒。

傳說中，聖喬治行經利比亞，聽聞當地居民遭受龍的折磨，便挺身幫助剿滅惡龍。

龍試圖噴出毒氣殺死聖喬治，但是張開的嘴卻遭到聖喬治的長槍刺穿，最後不支倒地。聖喬治向同行的公主借來腰帶，繫在龍的脖子上，將牠帶回村莊。聖喬治告訴村民：「如果成為基督教徒，我就替大家殺死這條龍。」最後成功使異教徒村民都皈依基督教。

聖喬治與龍

聖喬治消滅龍之後，被厭惡基督教的異教徒國王俘虜。儘管遭受嚴酷拷問，但仍貫徹信仰，最終殉教而死。

聖瑪格麗特
vs聖瑪格麗特之龍（P.148）

有童貞瑪加利大之稱
傳說中的基督教聖女

被龍吞噬的聖女

瑪格麗特是一個熱心的基督徒，出生在現今位於土耳其南部的城市安條克。

某一天，有位羅馬異教徒總督向瑪格麗特求婚，但卻要求她必須放棄信仰。瑪格麗特拒絕對方的求婚，卻因此反遭怨恨，遭受嚴刑拷打與折磨，其中一項酷刑就是和化身為龍的惡魔關在一起。瑪格麗特雖然被龍一口吞噬，卻用身上的十字架成功從龍的體內撕裂而出，安然無恙地生還。

聖瑪格麗特與龍

傳說中瑪格麗特從龍腹中平安現身，因此也被視為是守護孕婦和婦女分娩的聖人。

聖達尼爾

vs聖達尼爾之龍（P.149）

集美貌、才華和智慧
於一身的少年

　　公元前六世紀，巴比倫國王尼布甲尼撒，從猶太王族和貴族當中精心挑選出一批容貌俊美、才華和智慧均出眾的少年，達尼爾即是其中一人。達尼爾與另外被選中的三人服侍國王，因為表現出色而受到重用。

　　他在任職期間，為國王解開夢中的謎團，立下了不少功績，甚至被授予朝中要職。

　　後來當波斯帝國征服巴比倫的時候，達尼爾也依然得到新國王的重用。

　　根據聖經紀載，達尼爾有一次向上帝祈禱，天使加百列隨即在其面前現身，接受禱告。總而言之，達尼爾是一位深受所有人愛戴的聖經人物。

龍的異教崇拜
與達尼爾的考驗

　　巴比倫自古便有龍的信仰，因為當時的國王不相信基督教上帝以外的異教神祇，只好由達尼爾出面討伐惡龍。達尼爾將瀝青、脂肪和頭髮做成的丸子，塞進龍的嘴裡，龍就在丸子引爆後應聲倒地。然而憤怒的民眾卻把達尼爾扔進獅子所在的洞穴，後來由先知哈巴谷將他救了出來。

聖多納圖斯

vs聖多納圖斯的龍

基督徒多納圖斯的
思想和影響

　　四世紀的聖人多納圖斯（Donatus Magnus），對聖經做出嚴格的解釋，他強烈主張由具有罪行的神職人員洗禮並不具備效力，必須由服從自己教誨的神職人員再次洗禮。這項主張導致羅馬教宗視他為異端，然而多納圖斯的思想仍有許多教徒追隨，這個教派也以他為名稱作「多納圖斯派」（Donatism）。

　　身為異端的多納圖斯，其實也有屠龍的小故事。

　　傳說有一處棲息著巨龍的泉水，龍的毒液導致泉水變黑，魚類也無法生存，這條龍還會攻擊和吃掉靠近牠的人類。多納圖斯得知此事後，便踏上了屠龍的征途。

聖人多納圖斯
展現獨特的戰鬥方式

　　多納圖斯對著泉水畫十字，龍立刻從泉中跳出，朝他撲了過來。

　　多納圖斯不慌不忙，以手指交叉做成十字架，舉到龍的眼前，龍的動作竟因此停頓下來。多納圖斯接著朝龍的嘴裡吐口水，龍隨即暴斃而亡。

聖思維
vs 聖思維的龍

得夢境啟示
啟程消滅惡龍

聖思維，亦即思維一世，是於西元四世紀接任羅馬主教的教宗。

傳說中，聖思維曾為羅馬皇帝君士坦丁一世治癒痲瘋病。皇帝感激非凡，不但接受聖思維為其洗禮，也成為羅馬歷史上第一位皈依基督教的皇帝。

有一天，思維從夢中獲得啟示，得知有一頭龍住在洞窟裡，不時吐出強烈的毒氣，殺死許多羅馬百姓。

在皇帝皈依基督教之前，當地必須每個月將神殿的巫女作為祭品獻給龍；後來因為改信基督教而不再獻祭，龍便開始噴出毒氣危害世人。

異教徒神官要求恢復獻祭，卻遭到思維出面反對。思維帶著祭司和異教神官前往洞窟與龍作戰。

退治惡龍與
聖彼得的現身

神官看見怪物的身影時，個個都嚇得顫抖不已，而思維開始向上帝祈禱，聖彼得隨之降臨，並告訴思維馴服龍的方法。思維按照聖彼得的吩咐，成功抓住龍，他用麻繩捆住龍的嘴，再用十字架的印章將牠封印。思維和同行祭司雖然平安無事，但異教神官卻遭毒氣侵襲而昏倒，最後思維將所有人救醒。

聖馬太
vs 聖馬太的龍

衣索比亞布教之旅
巧遇掌握權力的魔術師

馬太原本是羅馬帝國的稅務官，後來響應耶穌的號召成為祂的門徒。馬太不僅是耶穌基督的十二使徒之一，也被認為是《馬太福音》的作者。

據說馬太對《舊約聖經》記載的聖句有著廣泛的理解，因此能夠徹底瞭解並應驗耶穌一生所做的預言。

在耶穌死後，馬太走遍各地，致力宣揚基督教。他在非洲東部的衣索比亞遇到一位魔術師，這個人在衣索比亞擁有至高無上的權力，因為他總是隨身帶著兩條可怕的龍，殺盡所有反對他的人。

手畫十字
便令惡龍陷入睡眠

相傳這兩條龍會從口中和鼻子噴出火焰和硫磺，把人和房子燒成灰燼。

馬太前去拜訪魔術師，魔術師立刻指示龍發動攻擊，然而兩條龍在馬太畫完十字後，雙雙倒在地上一覺不起。魔術師不管使用任何魔術，都無法喚醒龍。最後由馬太將龍喚醒，並命令魔術師永久離開此地。

龍族生活的世界

世界各地的神話與傳說

　　世界各地流傳許多世界形成和文明變遷的神話與傳說，其中大部分是歌頌神靈或英雄事蹟，也有不少藉由龍來豐富故事內容，希臘神話的九頭蛇（P.36）和北歐神話的法夫納（P.140）就是著名的例子。下面挑選一些描述這類龍的神話和傳說體系，不僅介紹龍的資訊，也希望能讓讀者接觸龍所生活的世界。

希臘神話

　　這是由古希臘記錄的多個故事所構成的神話體系，在世界上擁有一定的知名度。希臘神話大致上可分為創世神話、眾神的奇蹟、英雄的偉業三大類。其中除了九頭蛇（P.36）、堤豐（P.70）、培冬（P.92）這些龍之外，還有美杜莎等多種怪物登場，這些角色有不少都被在後世的的奇幻作品中援引。

奧林帕斯十二神

奧林帕斯十二神是指以主神宙斯為首，生活在奧林帕斯山的眾神們。希臘神話大部分是以這些神祇為中心。

北歐神話

　　挪威、瑞典等斯堪地那維亞半島各國流傳至今的神話，有法夫納（P.140）、尼德霍格（P.142）等龍族登場。北歐神話中將世界分為九大世界，各個世界分別住著神、巨人、精靈、矮人、人類等不同的種族。在神話的最後，最高神奧丁率領阿薩神族，和巨人族之間爆發最後的戰爭——諸神黃昏。在這場末日之戰中，所有的神祇和巨人幾乎無一倖免，世界在毀滅之後再度重生。

世界之樹

聳立於中央，連接9個世界的世界之樹。樹根棲息著尼德霍格。

埃及神話

從數個古埃及城市流傳的信仰傳說匯整的神話體系。特別在著名的赫里奧波利斯神話中，原初之神努恩誕生創造神亞圖姆，又接連生出其他神祇，創造人類居住的世界。亞圖姆後來和著名的太陽神拉融合，白天乘船到天空，夜晚乘船到冥界旅行，與阿佩普（P.158）的戰鬥也是這趟航行的一環。

原初之神努恩
努恩托起太陽神拉所乘坐的船隻。其創造拉，拉又生下掌管大地的蓋伯、掌管天空的女神努特等眾多神祇。

波斯神話

主要包括瑣羅亞斯德教的神話，以及伊斯蘭教傳入後的英雄故事。瑣羅亞斯德教的信仰中，光明之神阿胡拉·馬茲達帶領善神與黑暗之神阿里曼對抗，為了破壞善神的造物，阿里曼創造出阿茲達哈卡（P.154）。另外，《列王紀》所講述的建國神話中，也包括英雄薩姆擊退卡沙夫河之龍（P.66）等故事。

瑣羅亞斯德的肖像
以雅利安人的信仰為基礎，創立了瑣羅亞斯德教的先知瑣羅亞斯德。

美索不達米亞神話

美索不達米亞城邦共有的神話。相傳始祖母神納木（Nammu）生下天空之神安努（Anu）和大地女神祺（Ki），兩人生下恩利爾（Enlil）。恩利爾將天地分開，創造出人類。不過這一帶流傳多個創世神話，例如怒蛇（P.114）登場的《埃努瑪·埃利什》就是一例。

馬爾杜克與怒蛇
馬爾杜克是巴比倫神話的創造神。怒蛇原先與馬爾杜克敵對，但不久便加入其麾下效忠。

馬雅神話

過去盛極一時的馬雅文明，於中美洲（今墨西哥和猶加敦半島等地）流傳的神話。伊察姆納（P.116）為馬雅神話的太陽和豐收之神，包括特佩烏（Tepeu）和古庫馬茲（Gukumatz）創造世界的創世神話在內，有數個故事流傳至今。

伊察姆納
馬雅神話主神，其名字的意思為「蜥蜴之家」。除了老人，也經常呈現蜥蜴或蛇的形象。

阿茲特克神話

誕生於阿茲特克王國的神話。也許是混雜多個民族的緣故，擁有多個創世神話體系。根據這些故事描述，世界曾經毀滅過四次，現在是第五次創造出來的世界。當中也描述特斯卡特利波卡和魁札爾科亞特爾（P.78）這兩位神祇創造世界。

【 日本神話 】

以《日本書紀》、《古事記》記載的神話為主。其中以伊邪那岐命與伊邪那美命創造萬物、天照大神藏身天岩戶、須佐之男擊敗八岐大蛇（P.52）等故事最為人津津樂道。

天照大神

描繪了天照大神（中央）從天岩戶裡現身的情景。天照大神是伊邪那岐命以及伊邪那美命之女，為日本神話的主神，也是須佐之男和月讀的姐姐。

【 亞瑟王傳說 】

中世紀騎士文學，主要描述凱爾特布立吞人的傳說國王亞瑟，以及效忠他的騎士的冒險和愛情故事。以西元1136年的《不列顛諸王史》為契機，廣泛流傳於西歐各地，此後更有許多各種文獻加以衍生。托馬斯‧馬洛禮於15世紀創作的《亞瑟之死》描述許多小故事，成為「亞瑟王傳說」的著名代表作。

亞瑟王和圓桌騎士

亞瑟王的居城卡美洛有座巨大的圓桌，只有蘭斯洛特、高文等實力受到國王認可的騎士，才有資格落座圓桌。

【 中國神話 】

以漢族的神話為中心，其中也包括少數民族的神話。故事主要從創造神盤古開天闢地開始，其中除了三皇五帝（神話時代的國王）的統治時期，也包括伏羲和女媧（P.28）的經歷和創造人類的神話。另外，相柳（P.60）和共工（P.82）也是這個神話體系的一員，其中又以女媧補天和共工推倒不周山的故事最廣為人知。

相柳

1802年於日本出版的《唐土訓蒙圖彙》所載的相柳畫像。像蛇一樣的軀幹長出9個人頭，長相非常怪異。

【 印度神話 】

以婆羅門教和印度教的經典《摩訶婆羅多》與《羅摩衍那》兩大史詩為主。婆羅門教約盛行於西元前13世紀～1世紀，以代表神祇因陀羅（P.74）擊敗弗栗多的故事最為著名。當印度教興起後，那伽（P.132）隨之登場；或許是因為蛇信仰盛行，那伽也被視為協助諸神的存在。

【 其他民間故事與傳說 】

舉凡法國流傳的裴魯達（P.20）和加爾古尤（P.48）、西班牙流傳的埃倫斯格（P.22）和庫耶列布希（P.40），世界各地都有關於龍的民間故事和傳說。

現代所流傳關於龍的形象，正是根據《黃金傳說》和《博物志》這類介紹龍及屠龍方法的文獻所載情報而構成，下面從中挑選出幾本最著名的作品來介紹。

　　雖然不能親眼見到原著，但坊間仍有許多當代重新編撰出版的作品，方便我們輕鬆取得。如果想瞭解更多關於龍的情報，不妨閱讀相關書目。

舊約聖經

　　猶太教和基督教的經典。雖然具體篇章數依派系而異，但是多半由多本文獻（約40～50本）所組成，分別以法律、歷史書、詩歌書、預言書加以區分。利維坦（P.46）即出現在預言書之一的《以賽亞書》中。

制裁利維坦

法國畫家古斯塔夫・多雷（Gustave Doré）的木刻版畫。描繪《舊約聖經》中《以賽亞書》第27章第1節上帝用劍殺死利維坦的情景。

新約聖經

　　與《舊約聖經》齊名的基督教典籍。啟示錄即編錄在福音書以及書信的最後，內容記載作者約翰對末日情景的預言。其中第12章出現撒旦的化身紅龍（P.144），牠遭到以米迦勒為首的天使擊敗，最後被拋落地面。

路加福音

構成《新約聖經》的篇章之一。和西元3世紀希臘其他三本福音書一樣，書中詳細描述耶穌的生涯和教誨。

黃金傳說

　　在基督信仰中，信徒將這些創造奇蹟的人，或是堅守信仰而殉道的人尊稱為「聖人」，《黃金傳說》就是匯整這些聖人生平和事蹟的傳記集，其中不乏聖女馬大擊敗六腳龍（P.38）這類聖人屠龍的故事。

黃金傳說

《黃金傳說》的古本。除了屠龍故事之外，還記載很多有趣的傳說，特別推薦給對歷史感興趣的人。

六腳龍

聖喬治之龍

【 博物志 】

由古羅馬學者老普林尼所編寫的百科全書，共37卷。書中記載了宇宙科學以及人類學等涉獵多個領域的知識，第8～11卷屬於動物學的範疇，內容包括雙頭蛇（P.162）和巴西利斯克（P.166），記錄各種怪物。

《博物志》

影響當代奇幻文學的書籍。除了坊間譯本之外，也有圖書館收藏古本或提供線上閱覽，有興趣的人不妨搜尋相關資訊。

【 本草綱目 】

明朝的醫學家、藥學家李時珍所撰寫，是一本關於草藥醫學的書籍。全書共52卷，書中收錄了約1,900種的藥用植物、動物與礦物，其中也有關於吉弔（P.126）的介紹，因為其血肉和脂肪可以作為藥材。

《本草綱目》

於1607年傳入日本，也成為《和漢三才圖會》等書的參考依據。在日本國立國會圖書館數位收藏中可以閱覽原著，龍的項目可在24冊43卷中找到。

【 山海經 】

約由18篇構成的中國地理書。除了記載古代動物、植物、礦物等產地外，另外也有描述神祇與妖怪，與現代地理書的性質大相徑庭。女媧（P.28）、相柳（P.60）、燭龍（P.100）、鼓（P.102）都在這本書中登場。

伏羲、女媧

【 今昔百鬼拾遺 】

江戶時代畫家鳥山石燕創作的妖怪畫集，是繼《畫圖百鬼夜行》、《今昔畫圖續百鬼》之後的第三個作品。本書由《雲》、《霧》、《雨》上中下卷組成，每卷都透過附有解說文的插圖來介紹各種妖怪，燭龍即出現在本書當中。

燭龍

上卷《雲》所描繪的燭龍（P.100）、清姬（P.26）也同樣收錄其中。

【 其他歷史文獻 】

收錄描寫勇士多布里尼亞和戈里尼奇（P.24）之戰的俄羅斯民間傳說集《拜琳娜》，以及收錄《貝奧武夫》手抄本的《Cotton Vitellius》等。除了這裡介紹的書籍之外，其他還有許多關於龍族登場的作品。

勇士佩特雷亞的茲梅烏烏

195

龍族分布圖

亞洲

俄羅斯

戈里尼奇	P.24

印度

弗栗多	P.74
那伽	P.132

第七章　龍族資料室—龍族分布圖

日本

中國

菲律賓

澳洲

中美洲

瓜地馬拉

北非、中東地區

美索不達米亞

以色列

伊拉克

伊朗

利比亞

埃及

衣索比亞

第七章

龍族資料室──龍族分布圖

斯堪地那維亞

奧克尼群島

博恩霍爾姆島

愛爾蘭

英國

德國

瑞士

匈牙利

法國

義大利

西班牙

希臘

參考文獻

『インド神話入門』	長谷川明（著）／新潮社
『ヴィジュアル版 世界の神々と神話事典』	歴史雑学探究倶楽部（編）／学研プラス
『エッダ ―古代北欧歌謡集』	谷口幸男（訳）／新潮社
『黄金伝説』	ヤコブス・デ・ヴィラギネ（著）／前田敬作、西井武（訳）／平凡社
『オウディウス 変身物語』	中村善也（著）／岩波書店
『ギリシャ神話』	アポロドーロス（著）／高津春繁（訳）／岩波書店
『ギリシャ神話集』	ヒュギーヌス（著）／松田治・青山照男（訳）／講談社
『黒い聖母と悪魔の謎―キリスト教異形の図像学』	馬杉宗夫（著）／講談社
『幻獣辞典』	ホルヘ・ルイス・ボルヘス（著）／柳瀬尚紀（訳）／河出文庫
『幻想生物 西洋編』	山北篤（著）／シブヤユウジ（画）／新紀元社
『幻獣大全1』	健部伸明（著）／新紀元社
『幻想動物事典』	草野巧（著）／シブヤユウジ（画）／新紀元社
『幻獣ドラゴン』	苑崎透（編）／新紀元社
『原典訳 マハーバーラタ』	上村勝彦（訳）／筑摩書房
『古代マヤ・アステカ不可思議大全』	芝崎みゆき（著）／草思社
『古代マヤ文明』	マイケル・D・コウ（著）／加藤泰建、長谷川悦夫（訳）／創元社
『山海経 中国古代の神話世界』	高馬三良（訳）／平凡社
『世界の怪物・神獣事典』	キャロル・ローズ（著）／松村一男（監訳）／原書房
『「世界の神々」がよくわかる本 ゼウス・アポロンからシヴァ、ギルガメシュまで』	東ゆみこ、造事務所（監修）／PHP研究所
『世界の妖精・妖怪事典』	キャロル・ローズ（著）／松村一男（監訳）／原書房
『世界民間文芸叢書別巻 世界の龍の話』	竹原威滋、丸山顯德（編）／三弥井書店

『中国の神話伝説』 　　　　　　　　　　　　　　　　袁珂著・鈴木博（訳）／青土社

『徹底図解 幻獣事典 神話・伝説を彩ってきた、個性豊かなモンスターたち』
　　　　　　　　　　　　　　　　　　　　　　　　望獲つきよ（著）／新星出版

『ドラゴン』 　　　　　　　　　　　　久保田悠羅（編）／F.E.A.R.（著）／新紀元社

『ドラゴン〜世界の真龍大全〜』 　　寺田とものり、TEAS 事務所（編）／ホビージャパン

『ドラゴン学―ドラゴンの秘密完全収録版』 　　ドゥガルド・A. スティール（編）／今人舎

『ファンタジーイラスト大事典』 　　　　　　　　　　　　　　　　　　　　　宝島社

『マヤ・アステカの神々』 　　　　　　　　　　　　　　　　土方美雄（著）／新紀元社

『マヤ神話 ―チラム・バラムの予言―』 　ル・クレジオ（原訳）／望月芳郎（訳）／新潮社

『八百万の神々 日本の神霊たちのプロフィール』 　　　　　戸部民夫（著）／新紀元社

『よくわかる「世界のドラゴン」事典』
　　　　　　　「世界のドラゴン」を追及する会（著）／ブレインナビ（編）／廣済堂

本書參考其他諸多書籍和網站資料，不一一列舉。

【本書刊載的照片】

以下的圖像或照片，乃是根據維基百科的公有領域規定而使用。根據日本著作權法第51條及第57條的規定，從作者死亡日期所屬年分的翌年起算，經過50年後，著作權的保護期已屆滿，這類作品便屬於智慧財產權尚未發生或正在消滅並進入公有領域。

維基百科基金會的官方觀點認為，「公有領域平面作品的忠實複製屬於公有領域，若聲稱並非公有領域，無異於對公有領域概念本身的攻擊。」

另外，通過攝影技巧忠實複製平面美術著作的作品，不會被視為攝影師的「著作」，而是一種「複製品」。

因此，本書所使用的照片屬於「複製品」，和繪畫一樣被視為公有領域。

「海克力士和勒拿九頭蛇」、「Saint George and the Dragon」、「伏羲氏與女媧氏」、「準備以雷神之鎚擊斃耶夢加得的索爾」、《動物寓言》手稿 沙羅曼達」、「梅斯的格勞利節遊行隊伍」、「Jasónobteniendo el vellocino de oro y matando al dragón mientras Medea ofrece al ofi dio una poción.」、「Amphiptere byEdward Topsell（1608）」、「思維一世的人生（屠龍的聖維）」、「1680年於士麥所發現的宙斯雕像」、「遭到擊敗的泰坦」、「海克力士和兩條蛇的雕像」、「海克力士與九頭蛇」、「準備以雷神之鎚擊斃耶夢加得的索爾」、「耶夢加得與索爾的雕像」、「《本朝英雄傳》牛頭天皇 稻田姬」、《日本略史 素盞嗚尊》八岐大蛇」、「《Cotton Vitellius a. xv》（貝奧武夫）手稿」、「格倫戴爾」、「齊格飛」、「檢驗創身的齊格飛」、《尼伯龍根之歌》手稿 C 第1頁」、「遭到殺害的齊格弗里德和哀傷的克瑞姆希爾」、「查哈克即位」、「受到費雷登攻擊的查哈克」、「Maxfield Parrish所描繪的卡德摩斯」、「忙著招待耶穌的馬大和仔細聆聽教誨的瑪利亞」、「憑藉信仰力量馴服六腳龍的聖馬大」、「St. Margaret of Antioch」、「奧林匹斯十二主神」、「《散文埃達》英譯本（1847年）中的插畫」、「支撐太陽神拉之船的努恩」、「琪羅亞斯德的肖像（3世紀）」、「馬爾杜克與他的龍怒蛇」、「伊寫姆納」、「Amaterasu cave crop」、「描繪亞瑟王和圓桌騎士的中世紀西洋畫」、「《唐土訓蒙圖彙》（1802年，日本）相柳氏」、「Gustave Doré製作的雕刻畫」、「3世紀希臘寫在莎草紙上的路加福音」、「Legenda Aurea」、《博物志》1669年封面」、「《本草綱目》金陵版」、「《今昔百鬼拾遺》燭龍」

Fantasy Dragon Encyclopedia

奇幻龍族大圖鑑

【監修】
健部伸明

1966年出生於青森縣。1980年代中期進入ORG株式會社，負責翻譯新版日文版的《龍與地下城》，亦在同一時期成為CB's project的創辦成員，擔任多數遊戲攻略本與遊戲書的撰寫及編纂工作。專業領域包括北歐神話、凱爾特神話、怪物學、生物學、宇宙論等。除了撰寫電腦與桌遊相關的書籍之外，也活躍於遊戲設計、神話與奇幻相關著作、翻譯以及電影評論等領域。

〈主要作品〉
《怪物大全》（中文版為奇幻基地出版）、《不可不知的傳說魔族・妖族・神族》、《幻獸最強王圖鑑》、《冰下的記憶》（皆暫譯）等書。

出　　　版／楓樹林出版事業有限公司
地　　　址／新北市板橋區信義路163巷3號10樓
郵 政 劃 撥／19907596　楓書坊文化出版社
網　　　址／www.maplebook.com.tw
電　　　話／02-2957-6096
傳　　　真／02-2957-6435
監　　　修／健部伸明
翻　　　譯／趙鴻龍
責 任 編 輯／江婉瑄
內 文 排 版／洪浩剛
港 澳 經 銷／泛華發行代理有限公司
定　　　價／450元
初 版 日 期／2020年9月

國家圖書館出版品預行編目資料

奇幻龍族大圖鑑／健部伸明監修；趙鴻龍
翻譯. -- 初版. -- 新北市：楓樹林，
2020.09　　面；　公分
ISBN 978-957-9501-85-9（平裝）

1. 龍　2. 傳說

539.5942　　　　　　　109009601

企劃・構成・編輯　　　株式会社ライブ
　　　　　　　　　　　竹之内大輔／山﨑香弥

文字　　　　　　　　　野村昌隆／中村仁嗣／横井祐介／佐泥佐斯乃／村田一成

插畫　　　　　　　　　合間太郎／池田正輝／月岡ケル／七片 藍／夜鳥

封面・內文設計　　　　黑川篤史（CROWARTS）